영적 성경 해석

Enzo Bianchi
ASCOLTARE LA PAROLA
Bibbia e Spirito: la "lectio divina" nella chiesa

© 2008 EDIZIONI QIQAJON
All rights reserved.

Translated by Ri Yeon Hak
Korean translation copyright © 2019 by Benedict Press, Waegwan, Korea.
Korean translation rights arranged with Edizioni Qiqajon, Comunitá di bose,
Magnano(BI) Italy.

영적 성경 해석

2019년 9월 20일 교회 인가
2019년 11월 7일 초판 1쇄
2023년 4월 27일 초판 2쇄

지은이   엔조 비앙키
역 주   이연학
해 설   안소근
펴낸이   박현동
펴낸곳   성 베네딕도회 왜관수도원 ⓒ 분도출판사
찍은곳   분도인쇄소

등록   1962년 5월 7일 라15호
주소   04606 서울시 중구 장충단로 188 분도빌딩 102호(분도출판사 편집부)
             39889 경북 칠곡군 왜관읍 관문로 61(분도인쇄소)
전화   02-2266-3605(분도출판사) · 054-970-2400(분도인쇄소)
팩스   02-2271-3605(분도출판사) · 054-971-0179(분도인쇄소)
홈페이지   www.bundobook.co.kr

978-89-419-1918-6   03230

거룩한 독서의
신학적 원리

영적 성경 해석

엔조 비앙키

이연학 옮김 · 안소근 해설

분도출판사

차례

머리말

지금까지 거룩한 독서의 기초적인 요소들을 살펴보았다. 필자의 의도는, 교회의 역사만큼이나 오래되었으며 유다이즘에 깊이 뿌리내린 독서의 한 방법을 새롭게 맛볼 수 있는 가능성을 제시하는 것이었다. 무슨 새로운 이야기를 했다고 생각하지는 않는다. 단지 성무일도와 전례, 그리고 기도와 함께 거룩한 독서를 일용할 양식으로 삼았던 교부 전통과 수도승 전통을 짧게나마 한 번 돌아다보았을 따름이다.[1]

이것은 40년 전쯤에 제가 쓴 『말씀에서 샘솟는 기도. 거룩한 독서로 들어가기』의 결론 부분에서 한 말입니다. 제2차 바티칸 공의회가 물꼬를 터 준 성경 운동과 전례 운동 덕에 이른바 '말씀의 유배' 기간이 드디어 막을 내린 터였습니다. 『말씀에서 샘솟는 기도』는

---

1 E. Bianchi, *Pregare la Parola. Introduzione alla "lectio divina"* (Torino: Gribaudi 1990[11]) 69. 한국어판: 엔조 비앙키 『말씀에서 샘솟는 기도. 거룩한 독서로 들어가기』이연학 옮김 (분도출판사 2001) 95.

이에 대한 저의 소회였다고도 할 수 있습니다. 이 책 첫 쇄 출간 후 (지금까지 23쇄를 찍었습니다) 이탈리아와 다른 여러 나라(러시아, 그리스, 한국과 일본 등 20여 개국)에서 그 나라 말로 번역 출간되어 쇄를 거듭하여 읽힐 거라고는 전혀 예상하지 못했습니다.

『말씀에서 샘솟는 기도』는 제 삶에 깊이 각인된 공동체 체험에서 태어났습니다. 사실 책을 쓰던 몇 달은, 하느님 말씀을 중심으로 탄생하고 성장하던 한 수도 공동체 안에서 여섯 형제들과 함께 독신과 공동체 생활로 평생 주님의 뒤를 따르겠노라 서약하던 즈음이었습니다. "무식하면 용감하다"고들 하는데, 젊은이 특유의 무모함으로 그 책을 쓰던 당시의 제가 그랬던 것 같습니다. 그러나 제가 '거룩한 독서'(Lectio Divina)에 대해 수준 높은 이론서를 쓰고자 한 것은 결코 아니었습니다. 그저 참된 '그리스도인'으로 살고 싶었을 따름이었고, 당시 우리 삶을 지탱하던 통찰들을 허심탄회하게 나누어 보고 싶었을 따름입니다.

이후에도 줄곧 이에 대해 더 깊이 생각하고 새삼 곱씹을 기회가 여러 번 있었습니다. 이 주제가 우리 삶과 직결되기 때문입니다. 사실 저는 형제들과 함께 수도승 생활을 시작한 후 거룩한 독서를 지금껏 매일 실천해 왔습니다. 특히 대 그레고리우스의 유명한 금언이 품은 진리를 생생하게 체험했다고 생각합니다. 그것은 "하느님의 말씀은 읽는 이와 함께 자란다"라는 말씀입니다. 정말 성경은 읽는 이와 함께 자랍니다! 그래서 저는 교부들과 현대의 저자들, 중세 신비가들과 종교개혁가들을 공부하면서, 그들 안에 타오르던 유일한 열정을 꾸준히 탐색해 왔습니다. 그것은 바로, "기록된 것"(성경)을 통해 사람이 되신 말씀을 뵙고자 하는 열정이었습니다. 저는 이런 맥락에서 "말씀 읽기"라는 주제에 대해 여러 차례 발언했습니다.

개인의 신앙생활을 위해서는 물론이요 복음화를 위해서도 정녕 중요한 이 주제를 제가 다시 다루게 된 귀한 계기가 15년 전에 있었습니다. 당시 라칭거 추기경께서, 이냐스 드 라 포테리 신부님과 함께 그리스도교 성경 해석을 위한 지침서 같은 것을 하나 편찬하자고 제안하셨던 것입니다. 그리하여, 셋이 나눈 대화와 공동 작업의 결실인 이 책을 교황청립 그레고리우스 대학과 교황청립 성서 대학 주최 출간 기념 심포지엄에서 함께 소개했습니다.[2] 또 다른 계기로는, 공동체 안팎에서 말씀의 봉사직을 계속 수행해 오면서 겪은 체험을 들 수 있겠습니다. 사실 저는 그동안 시골 본당에서부터 아프리카와 아시아의 선교사들에게 이르기까지, 유럽 대도시의 성경 공부 모임에서부터 수도 공동체들의 대침묵 피정 강의에 이르기까지, 다양한 교회 공동체들에서 말씀을 나누어 왔습니다. 이 체험은 제가 늘 깊이 간직해 온 확신 하나를 더욱 심화하고 풍요롭게 해 주었습니다. 거룩한 독서란, 성경 독서를 통

---

2 J. Ratzinger, I. de la Potterie, E. Bianchi, *L'esegesi cristiana oggi* (Casale Monferrato: Piemme 1991).

해 정녕 '말씀하시는 분'이요 살아 계신 말씀이신 분, 곧 하느님 자신을 만나는 기회를 선사해 준다는 것입니다. 기도하며 성경을 읽을 때라야 살아 있는 말씀을 성경 본문에서 길어 올릴 수 있습니다. 이 말씀이 우리에게 질문을 던지고 인생에 생기를 불어넣어 주시며, 나아가 그리스도인의 삶을 조형하고 올바른 방향으로 이끌어 주십니다. 비록 우리 안에서 그분이 어떻게 일하시는지는 신비로 남지만 말입니다.

사람으로 하여금 '신적인 것'에 매료되게 하는 오래된 종교 유행이 다시 모습을 드러내고 있는 시절입니다. 여기서는 '하느님' 뿐 아니라 심지어 '예수 그리스도'마저 그 뜻이 공허해진 나머지, 인간의 투사와 욕망으로 가득 찬 말마디가 되어 버립니다. 이러한 상황에서 우리는 가끔 질문을 해 봐야 합니다. 과연 오늘 그리스도인들이 믿고 고백하는 하느님이 살아 계신 하느님, 예수 그리스도께서 계시해 주신 그 하느님이 맞는가? 참으로 사람이 되셔서 우리에게 하느님을 계시해 주고 그분에 대해 이야기해 주며 풀이해 주신 예수 그리스도의 하느님이 맞는가? 그보다는, 사람의 욕망과 기대가 만들어 낸 하느님이라고 해야 옳지 않을까? 이러한 말이 맞다면, 우리는 정녕 성경을 귀 기울여 듣고 해석하며 성경으로 기도하는 법을 알아야 합니다. 그리하여 하느님을 아는 참된 지식을 얻고 그분과 만나서, 마침내 그분과 맺는 계약의 거행으로까지 나아가야 할 것입니다.

거룩한 독서가 원래 교회 전통의 본류에서 벗어나면 두 가지 위험에 빠지게 됩니다. 첫째는 '영성주의'인데, 성경에서 역사와 문화의 차원을 걷어 내고 그저 감정적 체험만 찾으려는 태도입니다. 둘째는 '근본주의'인데, '생명을 주시는 성령'보다 '죽이는 문자'에만 매달리는 태도입니다. 이런 오류들을 의식하면서 저는, 거룩한 독서가 교회의 삶과 깊은 관계가 있다는 사실을 깨닫는 것이 얼마나 중요한지를 거듭 강조하곤 했습니다. 교황 베네딕도 16세께서 세계주교대의원회의[3]의 주제로 '하느님의 말씀'을 선택하신 것은 우연이 아닙니다. 그만큼 근본적으로 중요한 주제라는 말이지요.

바라건대 이 책이 개인과 공동체 및 교회의 차원에서 지금까지 제가 걸어온 모든 여정에 대한 겸손하고도 충실한 메아리가 되었으면 합니다. 어떤 독자께서는, 『말씀에서 샘솟는 기도』처럼 이 책에서도 제가 매일 실천한 거룩한 독서의 완숙한 결실을 본다고 하실 것입니다. 제가 우리 공동체의 형제자매들과 나누어 온 말씀의 메아리를 듣는다고도 하실 것입니다. 나아가 긴 세월 동안 온갖 부류의 청중에게 말씀을 강론하면서 무르익은 체험을 만난다고 하실 수도 있겠습니다. 하지만 저로서는 이 책이 제가 만난 '말씀의 증언자'들에게 바치는 작지만 진정한 감사의 표시가 되기만 바랄 뿐입니다. 그들은 정녕 복음의 풍요로움이 무엇인지 삶으로

---

3 2008년 제12차 세계주교대의원회의를 말한다 – 역자 주.

충만하게 보여 준 신앙의 '순교자 – 증언자'들이었습니다. 과연 하느님 말씀을 참으로 들을 줄 아는 사람은 실천하는 사람입니다. 성경 본문에 대한 진정한 이해는 주님께서 끊임없이 우리에게 들려주는 말씀에 에누리 없이 복종하는 데서만 생깁니다. '거룩한 복음의 연속', 혹은 오늘을 위한 '살아 있는 복음 단락'이 되기, 이는 박학다식으로 이루어지지 않습니다. 오직 성인들, 즉 살이 되신 말씀이신 주님을 충실히 따르는 제자들의 삶과 증언에서만 생기는 일입니다.

2008년 9월 3일,
성경과 사랑에 빠졌던 대 그레고리우스 기념일에
보세 수도원에서
엔조 비앙키

제1부

성경과 성령

1. 방과 열쇠

시편 해석을 시작하면서 그 히브리 사람이 우리에게 전해 준 귀한 전통 하나를 설명하고자 하거니와, 이는 성경 전체에 적용할 수 있습니다. 이 사람에 따르면, 거룩한 영감을 받은 성경 전체가 집이라면 성경 각 권은 자물쇠로 채워진 수많은 방과 같습니다. 각 방(의 문) 옆에는 열쇠가 하나씩 놓여 있지만 (그 방문 자물쇠와) 맞는 열쇠는 아닙니다. 열쇠들이 이렇게 방들 옆에 있건만 어느 것도 그것이 놓인 방문의 자물쇠와 맞지 않습니다. 그 히브리 사람에 따르면, 제 열쇠를 찾아 맞추어서 문을 따고 들어가기란 실로 엄청난 일입니다. 알아듣기 어려운 성경의 각 권에 대해 우리도 이와 비슷하게 생각합니다. 즉, 우리 역시 성경의 한 부분을 다른 부분과 관련시켜 이해하는 일로부터 (해석을) 시작합니다. 성경의 각 권에 맞는 해석의 원리는 성경 각 권에 흩어져 있기 때문입니다. 어떻든 나는 사도 바오로가 "우리가 말하는 내용은 인간적인 지혜로부터 배운 언어가 아니라 영으로부터 배운 언어로 말하는 것입니다. 이

를테면 영적인 것을 영적으로 설명하는 것입니다"(1코린 2,13)
라고 말했을 때 이런 방법을 암시하고 있다고 봅니다.[1]

오리게네스는 이런 말로 자신의 성경 해석의 초석과 원리를 설명
하고 있다.[2] 사실 이 말은 성경에 대한 모든 영적 해석에 적용되는
원리다. "성경 자신이 성경의 해석자"라는 말이 바로 이에 대한 설
명이다.

오리게네스는, 성경 해석의 열쇠는 성경 자체에서 찾을 수 있다
고 말한다. 이 말은 성경 전체의 일체성을 전제로 하는 것이다. 나
아가 성경이 성령의 영감으로 쓰였다는 사실도 뜻한다. 과연 성
경에 기록된 말씀들은 '영적인' 것이며, "영이며 생명"(요한 6,63)으
로서 성령의 '힘'을 지닌다. 그래서 성경에서 샘솟는 앎은 "성령의
가르침"이요 계시를 통해 얻게 되는 그런 앎이다(마태 11,25-27 참
조). 사실 "다윗의 열쇠를 가지신 분"(묵시 3,7)만이 닫힌 문을 열 수
있고, "다윗의 뿌리"(묵시 5,5), 즉 그리스도만이 봉인을 뜯고 성경
을 열 수 있으며, 성경 본문을 작성하도록 애초에 영감을 주신 분
만이 그 속뜻을 깨우쳐 주실 수 있다.[3]

---

1 오리게네스『필로칼리아』2,3(*Philocalie 1-20. Sur les Écritures*, a cura di M.
Harl e N. De Lange, SC 302 [Paris: Cerf 1983] 244).
2 오리게네스의 성경 해석 규칙들에 관해서는 F. Cocchini, *Il Paolo di Origene.
Contributo alla storia della recezione delle epistole paoline nel II secolo* (Roma:
Edizioni Studium 1992)를 참조.

결국 성경에 관한 앎을 얻어 가는 여정에서 성경 본문은 단지 앎의 '대상'이기만 한 것이 아니라 오히려 '주체'라고 보아야 한다. 이 앎은 (하느님과 독자 사이의) 상호성, 대화 그리고 관계라는 맥락에서 생긴다. 성경 본문이 영감을 불러일으키고 의미를 생산하며 구원에 도움이 되는(2티모 3,15-16 참조) 것은 바로 이 맥락에서다. 성경 본연의 이런 특성으로 말미암아, 성경의 해석자 역시 그에 맞갖은 특별한 접근 방식을 취해야 한다. 성경 본문과 참되이 만날 수 있는 자리는 다름 아닌 '신앙'이라는 뜻이다. 따지고 보면 성경 본문 역시 신앙으로 말미암아 작성된 것이다.

요컨대 신앙이야말로 성경 해석을 가능하게 하는 힘이다. 성경을 자주 읽으면서 성경과 대화하는 가운데 주님을 알도록 우리를 이끌어 주는 열쇠 역시 신앙이다.

알아듣기 어려운 성경 본문에 접근할 때에도, 오리게네스는 신앙이 가장 중요하다고 강조한다.

> 무엇보다 먼저 믿으십시오. 그러면 그대가 장애라고 여겼던 대목들이 실은 크고 거룩한 유익이 됨을 깨닫게 될 것입니다.[4]

그러니까 바로 신앙으로 말미암아 걸림돌이 되던 구절에서 계시

---

3 "Introduction", in *Philocalie 1-20*, SC 302, 145-148.
4 오리게네스『필로칼리아』1,28 (SC 302, 202).

의 체험을 하게 되고, 그리하여 이 신앙에서부터 감사기도 역시 샘솟는다. 로마 9,20-21의 본문을 주석하면서 오리게네스는, 성경에 대해 사람들이 품는 모든 질문에 대해 성경이 답을 주지는 않는다고 말한다. "어떤 권한으로 그런 일을 하시느냐고 신앙 없이 주님께 묻는 사람들에게는 대답할 가치도 없다고 여기셨다." 예수님을 두고 성경에 기록된 이 말은 성경에 대해서도 그대로 적용된다.[5]

그런데 충직하고 사려 깊은 예언자 다니엘이 주님께 여쭙던 때는 사정이 다르다. 왜냐하면 그는

> 주님의 뜻을 알고픈 갈망으로 여쭈었기 때문입니다. 이런 이유로 그를 '갈망의 인간'(다니 9,23의 테오도티온 역본에 따른 번역)이라 불렀던 것입니다. 이런 그에게 하느님께서는 "그대는 누구냐?"(로마 9,20)고 되묻지 않으셨습니다. 오히려 천사를 보내시어 당신의 모든 계획과 판단에 대해 일러 주셨습니다. 그러므로 우리 역시 하느님의 현묘玄妙한 비밀을 알고자 한다면, 그리고 반항의 인간이 아니라 갈망의 인간이라면, 성경 안에 너울로 가려진 채 숨어 있는 하느님의 판단을 충실하고 겸손하게 탐구하도록 합시다. 바로 이런 이유로 주님께서도 "성

---

5 오리게네스『로마서 주해』7,17(*Commento alla Lettera ai Romani*, a cura di F. Cocchini [Genova: Marietti 1986] Vol. II, 17).

경을 연구하라"(요한 5,39 참조)고 하셨습니다. 사실 그분은, 다른 일들을 하는 중에 간간이 듣기도 읽기도 하는 그런 이들이 아니라, 정직하고 단순한 마음으로 끊임없이 애쓰면서 날마다 밤을 새워 더 깊이 파고드는 이에게만 성경은 이해된다는 사실을 알고 계셨던 것입니다.[6]

사정이 이러하다면, 성경이 바라는 독자는 과연 어떤 사람인가? 오리게네스는 "반항의 인간이 아니라 갈망의 인간"이라고 말한다. 이는 주님을 정녕 알고 싶어 하고, 그래서 그분을 믿고 사랑하며 그 뜻을 실현하고자 하는 사람이라는 뜻이다.

그런데 '갈망'에 대한 오리게네스의 이런 멋들어진 표현은 사실 성경 자체의 갈망과도 부합한다. 성경 자체의 목적과 의도에서도 역시 비슷한 갈망이 드러나기 때문이다. 제4복음서의 첫 종결부는 이렇게 말하고 있다.

> 이런 일들을 기록한 것은 여러분이 예수는 그리스도요 하느님의 아들이심을 믿고, 또한 믿어서 그분의 이름으로 생명을 얻게 하려는 것이다(요한 20,31).

---

6 같은 책, 18.

성경은 성경 이야기가 독자의 삶과 연관되기를 바란다. 그래서 성경은 신앙으로 나아오라고 부른다. 이런 측면에서 볼 때 성경 해석은 성경과 사람 모두가 함께 품고 있는 갈망의 만남으로 이루어진다. '함께-느끼기'(sym-pátheia: 공감), 혹은 루이 부이에가 말하듯 '안에서-느끼기'(em-pátheia: 감정이입) 등과 같은 범주는[7] 성경과 무관한 것이 아니라 정확히 성경의 핵심부에 자리 잡고 있다.

이 외에도, 오리게네스의 풍요롭고도 정교한 주석 방법론에는 다른 원칙들도 포함되어 있다. 예컨대 성경 본문의 의미는 다양하다는 것, 즉 다의성多義性의 원칙이 있다. 잠언 22,20("내가 너에게 충고와 지식이 담긴 서른 가지 잠언을 써 주지 않았느냐?")에 토대를 두고 있는 이 해석 원칙은, 사람이 육신-정신-영혼 세 부분으로 이루어졌다고 보던 고대의 인간관에 착안하여 성경 말씀에서도 문자-윤리-영으로 이루어진 삼중 의미를 읽어 냈다.[8]

그런가 하면 코린토 1서 10장 6절과 11절("이 사건들은 우리의 본보기로 일어났습니다." "이런 일들이 본보기로서 저들에게 일어났고 …")에 근거를 두고 주창한 원칙도 있다. 성경을 해석하는 사람은 자기가 살고 있는 바로 그 순간에 성경 본문을 '현실화'(혹은 체현)해야 한다는

---

7 L. Bouyer, *Gnôsis. La conoscenza di Dio nella Scrittura* (Città del Vaticano: Libreria editrice vaticana 1991) 166 참조.

8 오리게네스『원리론』IV, 2,4(*Traitè des principes* III, a cura di H. Crouzel e M. Simonetti, SC 268 [Paris: Cerf 1980] 310-316) 참조.

것이다.⁹ 나아가, 기록된 문자가 '진리'에 관한 모든 것을 담아내지는 못한다는 오리게네스의 확신도 특기할 만하다. 진리란, 다시 말해 말씀이요 하느님의 아드님이신 분은 무엇보다 '신비'이기 때문이다. 오리게네스는 제4복음서의 둘째 종결부["예수께서 행하신 다른 일들도 많이 있다. 만일 그것들을 하나하나 다 기록한다면, 이 세상이라도 그 기록된 책들을 다 담지 못할 것이라고 나는 생각하는 바이다"(요한 21,25)]를 주석하면서, 성경의 내부에는 말해지지도 쓰이지도 않은 말씀의 차원이 있다고 갈파한다. 그리고 그 차원 역시 신비를 계시한다고 본다.

있는 그대로의 말씀은 너무도 엄청나서 문자로 기록될 수도 없거니와 육신의 말로 선포될 수조차 없고, 인간의 그 어떤 방언이나 언어로도 표현될 수 없습니다.¹⁰

요컨대 성경에 기록된 말뿐 아니라 기록되지 않은 침묵 역시 "(하느님 아버지의) 침묵으로부터 나오신 말씀"이신¹¹ 그리스도를 계시해 준다는 것이다. 성경은 독자가 바로 이분을 알게 되도록 이

---

9 오리게네스『탈출기 강해』2,1(*Omelie sull'Esodo* 2,1, a cura di M. Simonetti e M.I. Danieli [Roma: Città Nuova 2005] 69) 참조.

10 오리게네스『필로칼리아』15,19 (SC 302, 436-438).

11 안티오키아의 이그나티우스『마그네시아 신자들에게 보낸 편지』8,2(*Ora comincio a essere discepolo. Le lettere*, a cura di S. Chialà [Bose: Qiqajon 2004] [Testi dei padri della chiesa 68] 24).

끌어 주고 싶어 한다. 그래서 오리게네스는 이같이 말하고 있다. "제대로 그리고 깊이 있게 이해하자면, 성경 전체는 지식의 총체에 비해 지극히 초보적이고 완전히 기초 단계에 지나지 않는 요소들로 이루어져 있을 따름입니다."[12] 그러나 동시에, 성령의 이끄심으로 접근할 때, 성경 자신이 바로 성경을 넘어, 즉 "기록된 바를 넘어"(1코린 4,6의 *tò hypèr hà ghégraptai*의 직역) 독자를 더 깊은 곳으로 이끌어 준다. 물론 이렇게 생기는 앎은 성령의 활동으로, 성경이 이야기하는 바에 자신을 통째로 연관시킨 독자에게만 생긴다.

"기록된 문자 너머에 있는" 실재를 탐색하는 일이 모든 이에게 가능하지는 않습니다. 이것은 단지 "기록된 문자 너머에 있는" 실재에 참여하여 동화되는 사람에게만 가능한 일입니다.[13]

결국 성경이 자기의 말과 침묵으로 전해 주고자 하는 그리스도에 관한 지식은 성령의 활동으로서, 영적 해석의 열매이다. 성경을 해석하는 고유한 원리이신 성령께로 독자를 인도하는 것은 사실 성경 자체다. 그리고 제자들이 성경 말씀과 예수님이 몸소 하신 말씀을 알아듣게 되는 것은 성령의 선물 덕분이라고 해야 할 것이

---

12 오리게네스 『요한 복음 주해』 XIII, 5,30(*Commentaire sur S. Jean* III, a cura di C. Blance, SC 222 [Paris: Cerf 1975] 48).

13 같은 책, XIII, 5,32.

다(참조: 요한 2,22; 7,39; 14,26). 성령이야말로 그리스도께서 '말씀하시지 않은 바'의 해석자라고 해야 하지 않을까? 그리하여 제자들이 역사 안에서 문자적이고 율법적인 방식으로가 아니라 창조적인 방식으로 복음에 충실할 수 있도록 영감을 주시는 게 아닐까? 그래서 예수님께서도 이렇게 말씀하셨다.

내가 여러분에게 말할 것이 아직도 많지만 여러분이 지금은 감당할 수가 없습니다. 그러나 진리의 영, 그분이 오시면 여러분을 모든 진리 안에 인도하실 것입니다. 사실, 그분은 자기 나름대로 말씀하시지 않고 자기가 듣게 될 일을 말씀하실 것이며 또한 앞으로 올 일도 여러분에게 알려 주실 것입니다. 그분은 나를 영광스럽게 하실 것이니, 이는 내 것을 받아서 여러분에게 알려 주시겠기 때문입니다(요한 16,12-14).

요컨대 "성경이 쓰인 것도 성령에 의해서고, 성경을 읽는 것도 이해하는 것도 모두 같은 성령을 통해서라야 한다. 이는 성경 자신이 바라는 바다".[14]

---

14 Guglielmo di Saint-Thierry, *Lettera d'oro. Epistola ad Fratres de Monte Dei* 121, a cura di C. Falchini (Bose: Qiqajon 1988) 69. 「계시 헌장」 12항도 참조.

2. 영적 성경 해석, 오늘도 필요한가?

앞 장에서 오리게네스에 대해 이야기한 것은, 교회 역사를 통해 장구히 흘러온 성경 해석의 전통과 구조를 그가 가장 잘 대표하기 때문이다. 이런 해석 전통은 "16세기까지 교회 안에서 끊임없이 실천해 온 그리스도인 성경 해석의 유일한 형태였다. 그러나 후에 성경 비평의 시대가 열리면서 이 해석 전통은 성경 독서의 여러 가능성 중 하나가 되고 말았다".[1] 요컨대 오늘의 성경 독서가 교회의 옛 전통에서 그러했듯이 다시금 "통합적인 주석 행위"가 되어야 한다는 말이다. 다시 말해 성경 해석은 오늘날 너무도 자주 제각각 떨어져 고립된 채 존재하는 "성경 본문과 전례, 그리고 삶의 영역들을 두루 아우르며"[2] 엮어 주는 역할을 회복해야 한다.

몇십 년 전 교회 안에서 성경의 해석과 관련하여, 특히 학문적

1 A.-M. Pelletier, "Exégèse et histoire. Tirer du nouveau de l'ancien", in *Nouvelle Revue Théologique* 110 (1988) 659.

2 같은 책, 663.

인 주석과 관련하여 열띤 논쟁이 벌어진 적이 있다.[3] 이 논쟁을 기점으로 주석의 통일성을 재발견해야 한다는 목소리가 힘 있게 울려 퍼지기 시작했다.[4] 영적 성경 독해를 재평가해야 한다는 움직임의 대두는 각별한 의미가 있다. 이런 노선의 주석은 그 자체가 바로 신학이 되기도 하려니와, 성경을 영성 생활의 심장부에 자리 잡게 해 준다. 그리고 강론과 교리 교육 및 신앙 입문 교육과 신앙 전수를 성경과 접목시켜 준다. 그리하여 독자로 하여금 기도와 실천의 응답으로써 성경과 살아 있는 관계를 맺게 한다.

오늘날 ― 사실은 얼마 전부터 ― 영성주의적이고 우의적이며 문자주의적이고 근본주의적인 해석과 명확히 구분되는 건전한 '영적 해석'의 필요성이 시급히 대두되고 있다.[5]

성경이 정녕 교회 생활의 중심에 자리 잡아야 한다면, 그 성경

---

3 가장 널리 알려진 논쟁들을 소개하자면 F. Refoulé, "L'exégèse en question", in *Le Supplément* 111 (1974) 391-423; F.-P. Dreyfus, "Exégèse en Sorbonne, exégèse en Église", in *Revue Biblique* 82 (1975) 321-359; 같은 저자, "L'actualisation à l'intérieur de la Bible", in *Revue Biblique* 83 (1976) 161-202; 같은 저자, "L'actualisation de l'Écriture, I. Du texte àla vie", in *Revue Biblique* 86 (1979) 5-58; 같은 저자, "L'actualisation de l'Écriture, II. L'action de l'Ésprit", 같은 책, 161-193; 같은 저자, "L'actualisation de l'Écriture, III. La place de la Tradition", 같은 책, 321-384. Dreyfus의 이 다섯 편의 글은 책 한 권으로 묶여 출간되었다. F.-P. Dreyfus, *Exégèse en Sorbonne, exégèse en Église* (Paris: Parole et Silence 2007). Refoulé와 Dreyfus의 글들은 *Sussidi Biblici*, 38-39와 40-41 (1992)에 "*Quale esegesi oggi nella Chiesa?*"란 제목으로, 이탈리아어로도 번역 소개되어 있다.

은 성령 안에서 읽어야 마땅하다. 필자는 이것이 교회의 오늘과 내일을 위해 결정적으로 중요한 과제라고 믿는다.

---

4 G. Zevini, "La lettura della Bibbia nello Spirito. Bibbia, spiritualitàe vita", in *Incontro con la Bibbia. Leggere, pregare, annunciare. Convegno di aggiornamento. Facoltà di teologia della Università pontificia salesiana, Roma, 2-5 gennaio 1978*, a cura di G. Zevini (Roma: LAS 1978) 131-156; I. de la Potterie, G. Zevini, "L'ascolto 'nello Spirito': per una rinnovata comprensione 'spirituale' della sacra Scrittura", in *Parola, Spirito e Vita* 1(1980) 9-24; S.A. Panimolle, "Per una lettura 'spirituale' della Bibbia: verso l'unità dell'esegesi", in *Rivista Biblica* 29 (1981) 79-88; R. Laurentin, *Comment réconcilier l'exégèse et la foi* (Paris: OEIL 1984); I. de la Potterie, "La lettura della Sacra Scrittura 'nello Spirito'", in *Communio* 87 (1986) 25-41; U. Neri, *La crisi biblica dell'età moderna. Problemi e prospettive* (Bologna: EDB 1996) 39-71; P. Grech, "The 'Regula fidei' as Hermeneutical Principle Yesterday and Today", in *L'interpretazione della Bibbia nella Chiesa. Atti del Simposio promosso dalla Congregazione per la Dottrina della Fede, Roma, settembre 1999* (Cittàdel Vaticano: Libreria editrice vaticana 2001) 208-224; G. Ravasi, *Interpretare la Bibbia* (Bologna: EDB 2006); B. Costacurta, "Lecture priante et exégèse croyante de la Parole de Dieu", in *Bulletin Dei Verbum* 84-85 (2007) 5-7; R.J. Erickson, *Guida introduttiva all'esegesi del Nuovo Testamento* (Cinisello Balsamo: San Paolo 2007) 278-303; A. Fossion, "Lire pour vivre. La lecture de la Bible au service de la compétence chrétienne", in *Nouvelle Revue Théologique* 129 (2007) 254-271.

5 R.E. Brown, *Croire en la Bible à l'heure de l'exégèse* (Paris: Cerf 2002); 특히 교황청 성서위원회의 중요한 문헌 *L'interpretazione della Bibbia nella Chiesa* (15 aprile 1993), in *Enchiridion Vaticanum* XIII (Bologna: EDB 1995)을 참조할 것. 이 문서는 근본주의적 성경 해석의 위험에 대해 분명하고 가차 없는 어조로 질타하고 있다.

교회 생활의 중심에 자리 잡은 성경

성경이 교회 안에서 차지하는 이런 중심성은 가톨릭교회 안에서 오랜 세월에 걸쳐 퇴색했고, 심지어 아예 종적을 감추기도 했다. 그런데 이를 재발견한 것이 바로 제2차 바티칸 공의회였다. 「계시 헌장」은 교회 생활을 구성하는 네 영역, 곧 전례 – 설교 – 신학 – 일상을 통합하는 역할을 하는 것이 바로 성경이라고 천명한다. 우선 **전례** 안에서 성경은 "성령의 소리가 울려 퍼지게" 하고, 또한 성경을 통해 "하늘에 계신 아버지께서 사랑으로 당신 자녀들을 만나시며 그들과 함께 말씀을 나누신다"(「계시 헌장」 21). **설교**는 "성경으로 양육되고 규정되어야" 하고(「계시 헌장」 21), **신학**은 "하느님 말씀을 영구적인 기초로" 하며 성경의 연구는 "신학의 영혼(혹은 생명)과도 같은 것이어야 한다"(「계시 헌장」 24). 마지막으로 신앙인의 **일상**은 성경으로 기도하며 열심히 그리고 자주 읽는 일을 그 힘의 원천으로 삼아야 한다(「계시 헌장」 25 참조).

요컨대 무엇보다 말씀에 첫자리를 내어 드리면서 교회는 새로워져야 한다. 그리하여 모든 그리스도인은 "말씀의 종"(루카 1,2)이 되어야 하며, 모든 직무는 필경 말씀의 봉사여야 한다(사도 20,20 참조).[6] 「계시 헌장」 24항은 "사목적인 복음 선포, 교리 교육과 모든

---

6 E. Bianchi, "La centralità della parola di Dio", in *Il Vaticano II e la Chiesa*, a cura di G. Alberigo e J.-P. Jossua (Brescia: Paideia 1985) 168 참조.

그리스도교 교육은 성경 말씀으로 구원의 양식과 거룩한 힘을 얻는다. 그리스도교 교육에서는 전례적 설교를 가장 중요하게 여겨야 한다"고 천명한다. 설교와 신앙 교육의 모든 영역이 성경을 생명의 젖줄로 삼아야 한다는 말이다. 성경이 교회에서 중심 자리를 차지해야 하는 것은, "성경을 자주 읽음으로써 '그리스도 예수님을 아는 지식의 지고한 가치'(필리 3,8)를 얻도록" 하기 위해서다. 과연 "성경을 모르는 것은 그리스도를 모르는 것이다"(「계시 헌장」25). 그런데 그리스도교는 "성경의 종교가 아니라 예수 그리스도의 종교"다.[7] 다시 말해 책(경전)의 종교가 아니라 "해석의 종교"다.[8] 그러므로 성경 읽기와 그 '탐색'을 통해 그리스도의 얼굴을 찾으며 그분을 더 깊이 알고 살아 있는 관계를 맺을 때에야 성경은 비로소 교회 한가운데에서 활발히 살아 움직이게 된다. 이때 성경을 교회의 품에서 살아 움직이도록 해 주면서 그리스도의 얼굴을 열어 보여 주고 그분과 만나도록 이끌어 주시는 분이 바로 성령이다. 성령께서 개인과 공동체로 하여금 성경에 기록된 문자에서 모습을 드러내시는 말씀에 순종하도록 삶의 방향을 잡아 주시는 것이다.

---

7 H. de Lubac, *Esegesi medievale* I (Roma: Edizioni Paoline 1972) 354.

8 Ch. Theobald, "L'Écriture, âme de la théologie, ou le christianisme comme religion de l'interprétation", in R. Lafontaine et al., *L'Écriture âme de la théologie* (Bruxelles: Institute d'études théologique 1990) 109-132 참조.

한편으로는 본문이 지니는 타자성을 존중해야 한다. 그러나 동시에 본문이란 삶을 위해 있는 것이라는 사실도 유념해야 한다. 영적 성경 독해란 사실 이 둘 사이의 균형을 보장하는 일이다.[9] 이런 작업은 단지 문헌학과 역사, 문학적 분석 과정 등으로만 이루어지지 않는다. 그것은 '신앙의 유비'(analogia fidei)와 성령의 활동을 기반으로 이루어진다. 그리고 이런 식으로 작동되는 영적 독해는 전통을 복원하며, 이 전통은 성경 해석에서 중요한 계기를 마련한다. 나아가, 성경의 '문자'를 비추어 그 속뜻을 밝혀 주는 역할을 담당한다. 그런 의미에서 전통은 '성령청원기도'(epiclesis)와도 비슷하다. '신앙인들의 신앙 감각'(sensus fidelium)과 성인들의 역사가 다 함께 이를 증언해 준다. 영적 주석은 결국 성경에 대한 신앙의 접근 방식이다. 성경 안에서 하느님 말씀의 차원을 발견하게 해 주는 신앙 특유의 저 '전이해'前理解로부터 출발하는 접근 방식이다.[10] 이 영적 주석은 해석학적 '기교'도 아니며, 다른 해석 방법과 경쟁하는 또 하나의 '방법'도 아니다. 영적 주석은 오히려 여타의 해석 방법론들에 큰 빚을 지고 있다. 그런 방법론들을 필

---

9 J. Dupont, "Réflexions d'un exégète sur la 'lectio divina' dans la vie du moine", in *Liturgie* 60 (1987) 17.

10 A. Rizzi, *Letture attuali della Bibbia. Dall'interpretazione esistenziale alla lettura materialista* (Roma: Borla 1978) 267. 이에 대해서는 I. de la Potterie 외 공저, *L'esegesi cristiana oggi*, 44-125에 실린 J. Ratzinger의 글과 특히 R. Guardini 의 글을 참조할 것.

수적인 것으로 습득한 토대 위에서 진행되는 것이다. '교회 안'(in ecclesia)의 주석학인 영적 주석은, 성경 일체성의 원리와 주석 및 해석의 다양한 방법론들, 그리고 신앙인의 체험 등을 두루 아우르며 통합하고자 한다. 이런 영역들을 조화로이 통합함으로써만 진정한 교회적 해석이 태어날 수 있기 때문이다. 하느님 말씀은 어떤 해석 방법론으로도 완전히 해석될 수 있는 것이 아니다. 그러므로 영적 주석은 성경 안에 간직된 말씀의 신비와 그 수위성首位性을 지키려 애쓰면서, 여러 방법론들이 꼭 필요하지만 동시에 불충분하다고 선언한다. 사실 방법들은 성경을 아전인수 격으로 해석하며 자기 합리화의 도구로 만들 수 있다. 그리하여 스스로를 절대화하여 우상이 되어 버릴 수 있다. 역사 비평 방법론들에 관한 다음의 이야기는 그래서 일리가 있다. "역사 비평 방법론들은 다른 모든 방법론과 마찬가지로 불완전해서 절대적으로 확실한 결론들을 도출할 수 없다. 본문이 단 하나의 의미를 지니기라도 하는 양 본문의 의미를 가르쳐 줄 수는 없다. 그럼에도 불구하고, 다른 방법론들이 그러하듯 본문에 대한 일리 있는 의미를 제공해 준다."[11] '통전적 해석 행위'라 할 수 있는 영적 해석은 본문의 — 한 방향으로만 소진되지 않는 — 깊은 의미를 추적한다. 영적 해석은 의미에 대한 이해를 추구한다. 이는 필경 삶 자체에 대한 총체적

---

11 P. Guillemette, M. Brisebois, *Introduction aux méthodes historico-critiques* (Montréal: Fides 1987) 10.

해석으로 귀결된다.

창조하시고 구원하시는 말씀에 대한 교회적 해석은 다차원적
인 주석의 일관된 실행을 전제로 한다. 이른바 실증적 혹은 비
판적 주석은 이런 다차원적 주석이 지닌 중요한 한 측면을 대
표하긴 하지만 어디까지나 단지 하나의 측면일 따름이다. 그
래서 이 주석 방법의 실행 역시 신앙의 보편성이 지닌 살아 있
는 균형 감각 안에서 이루어져야 한다.[12]

이미 언급했지만, 영적 독해의 큰 원칙은 성경의 일체성이다. "성
경 전체는 단 한 권의 책이며 이 책은 바로 그리스도시다. 온 성경
은 사실 그리스도에 대해서 말하고 있으며, 바로 그리스도 안에서
그 완성을 이루기 때문이다."[13] 결국 영적 해석이 겨냥하는 바는
예수 그리스도에 대한 앎이다. 다시 말해 참된 그리스도교적 '지
식'이다. 이런 '지식'은 힘과 예리한 직관으로 넘치고 삶의 실천과
연결되며, 친교에 그 바탕을 둔다. 이런 방식으로 성경을 해석하
게 해 주시는 분은 성령이신데, 성령은 그리스도의 말씀과 침묵에
대한 '해석자'이며 충만한 진리로 이끌어 주는 분이시다(요한 16,13

---

12 P. Toinet, *Pour une théologie de l'exégèse* (Paris: FAC 1983) 30.

13 생 빅토르의 위고 「노아의 방주에 관한 윤리적 해설」 2,8(Ugo di San Vittore,
Sull'arca Di Noè. Commento Spirituale 2,8, PL 176,642C-D).

참조). 그러므로 영적 해석은 글자 그대로 참으로 '가톨릭'[14] 주석을 지향한다. 그리고 신앙인인 독자의 삶을 신앙의 '신비' 및 그 신비를 증언하는 성경 본문과 관계시킨다. 그리하여 독자는 자기 삶 안에서 주님과 맺는 계약과 대화를 쇄신하게 된다. 성경은 사실 온통 이런 계약과 대화로 이루어져 있다. 이런 방식으로 성경 해석은 살아 있는 주석, 거룩함의 역사, 성경의 완성이 되는 것이다.

성경의 일체성

사실 신약성경 저자들의 저술 활동은 성경의 일체성 원리에 대한 확신이 아니고서는 애초에 불가능했다. 그들은 모든 것을 성경의 연장선에서 생각했다. 다시 말해 "모세의 율법과 예언자들의 책과 시편"(루카 24,44) 혹은 "율법이나 예언서들"(마태 5,17; 7,12)이라 불리던 성경의 사고방식 안에서 움직이고 있었다. 물론 이때는 아직 그 성경이 오늘 '구약성경'이라고 부르는 단단하고 폐쇄적인 단위를 이루고 있지 않았다. 역사적인 지식을 얻기 위해서는 과거의 저자들과 모종의 관계를 맺어야 한다. 다시 말해 지금 연구 대상이 되어 있는 저자들의 사고방식 안으로 들어가야 한다. 이 말

---

14 '가톨릭'이란 단어의 어원 *katà tò hólon*(카타 토 홀론)은 '전체에 따라'로 직역할 수 있다. 여기서는 모든 방법론들을 두루 통합하여 사용하는 태도를 뜻한다 - 역자주.

이 사실이라면, 성경의 일체성이라는 전제는 더없이 중요한 것이 아닐 수 없다. "성경 말씀에 따라" 생겼다는 파스카 사건을, 성경 일체성의 관점에서가 아니고서 어떻게 이해할 수 있단 말인가? "그리스도께서는 **성경 말씀대로** 우리 죄를 위해서 죽으시고, 묻히셨으며, 또 **성경 말씀대로** 사흘 만에 일으켜지시고"(1코린 15,3-4)라고 말하는 대목이 그 뚜렷한 예다. 성경의 증언이 아니고서는, 파스카 사건은 목소리를 잃을 수밖에 없다. 빈 무덤의 현장을 황당해하며 확인할 따름이다. 그 상황에서 부활하신 그리스도를 알아볼 리가 만무하다. 그분은 엠마오로 가던 두 제자에게 그랬듯이 끝내 낯선 사람으로만 남게 된다. 그리스도는 살아 계신 분으로 선포되지 못한다. 그분에 대해 할 수 있는 말이란 그저 연대기적 기록이나 사망 경위에 대한 깔끔한 보도 정도밖에는 없게 된다(루카 24,19-24 참조). 그러나 죽음 사흘 후 확인하게 된 빈 무덤을(루카 24,1-3) (구약)성경과 예수님 자신의 말씀으로 비추어 읽는다면(루카 24,6-7 참조), 이를 그분의 부활 사건으로 받아들일 수 있게 된다["그분은 여기 계시지 않고 부활하셨습니다"(루카 24,6)]. 그리하여 선포하고(루카 24,9 참조) 설교하며(사도 2,22-36 참조) 후대에 전해 주고(1코린 15,3 참조) 함께 모인 그리스도인 공동체가 전례로 거행하며(루카 24,35 참조), 고백하고 기록하여 마침내 그 자체가 성경이[15] 되어 버

---

15 신약성경을 뜻한다 - 역자 주.

리는(1코린 15,3-4 참조) 그런 사건이 생길 수 있는 것이다. 여기서 벌써 성경과 전례의 본질적 관계를 엿볼 수 있는데 이에 대해서는 나중에 다시 살펴보겠다. 지금은 성경 본문의 형성 과정 자체에 성경과 전례 사이의 이 관계가 본질적인 역할을 담당하고 있다는 점만 강조해 두기로 한다.

시편의 경우는, 하느님 백성이 하느님 말씀에 기도하며 응답하는 것 자체가 동일한 하느님 말씀을 구성하는 본질적 요소란 사실을 잘 보여 준다(C. Westermann). 시편은 성경의 신적이고도 인간적인 특성이 가장 잘 드러나는 책이다. 나아가 성경 내부에서 (여러 차례 인용되면서) '다시 – 읽기'(A. Gelin)와 '다시 – 쓰기'라는 현상이 가장 잘 드러나는 주석학적 책이기도 하다. 바로 이 현상을 통해, 정경의 형태로 고정된 한 본문의 최종 편집본 안에는, 시간의 흐름에 따라 처음의 본문이 겪어 온 변형 과정의 층들이 담기게 된다. 본문은 원래 형태 그대로 남아 있는 것이 아니라 전례적 용도를 위해 변형되어 간다. 맨 처음 본문이 형성되던 때와 장소와는 다른 여러 때와 장소에 맞추어 변형되어 가는 것이다. 이는 본문의 문자적 의미 자체도 다양하다는 사실을 보여 준다. 말하자면 의미의 다원성을 설명해 준다. 역사 비평 방법론의 당연한 결론은, 본문과 (본문이 기록하는) 사건의 거리를 인정해야 한다는 것이다. 어차피 본문 자체가 벌써 사건에 대한 신학적 해석이다. "문자적 의미 자체가, 적어도 본문이 기록되던 최초의 시점에서는 벌써 영적 의미이다."[16] 왕정 시대에 편찬되어 왕('메시아흐'*mashiach* 즉 메시아)의 즉위식 때 사용되었던 이른바 메시아 시편들만 해도 그렇다. 이 시편들은 유배 시기 이후뿐 아니라 예루살렘에서 왕정이 완전히 사라진 이후에도 전례 때에 여전히 노래로 불리고 기도로 사용되었다. 이러한 전례적 사용은 이 시편들에 새로운 활기를 불어넣었다. 더 이상 과거의 어떤 왕(메시아)에 대한 기억을 불러일으키지 않고, 오히려 미래에 도래할 메시아를 경축했다. 말하자면 이 시편들은 최초 본문에는 없었던 종말론적 색채를 덧입어, 백성에게 신앙과 메시아에 대한 희망을 불어넣었다.

이처럼 한 본문의 역사를 살펴보기만 해도 우리는 그것이 복합적인 의미를 품고 있다는 것을 보게 된다. 그러니까 엄밀히 말해서 한 본문의 역사적 의미라는 것은, 그 본문이 전승 과정과 '다시 – 읽기', 그리고 정경으로 고정되기까지 전례에서 사용된 과정을 통해 얻은 여러 의미들의 역사라고 해야 한다. 이리하여 결국 우리가 도달하는 지점은, 성경 본문 의미의 복수성複數性에 관한 라삐들과 교부들의 통찰이다. 바위를 쪼는 망치에다 하느님 말씀

16 I. de la Potterie, G. Zevini, "L'ascolto 'nello Spirito'", 18. 성경 집성 과정에서 각 권 내부에서 '다시 – 읽기'가 이루어졌다는 점, 다시 말해 현재 당면한 문제들을 반영하기 위해 앞 세대의 글들을 끊임없이 다시 읽고, 나아가 주변 문화의 요소들을 정화하고 차용하여 야훼계 전승을 기준으로 다시 읽음으로써 이루어졌다는 점에 대해서는 P. Gilbert, *La Bible à la naissance de l'histoire. Au temps de Saül, David et Salomon* (Paris: Fayard 1979) 21이하 참조.

을 비유하고 있는 예레미야서 23장 29절을 주해하면서 라삐 이슈마엘은 이렇게 말한다. "이 망치질에서 많은 불꽃이 튀듯이, 단 하나의 성경 구절에서도 다양한 의미가 나올 수 있다." 그러하기에 "각 구절은 여러 가지로 해석하며 읽을 수 있다".[17] 이런 식의 이야기는 더 이어진다. "단어마다 여러 가지 빛으로 빛나고 있다"[18]고도 하고, "성경에는 일흔 개의 얼굴이 있다"[19]는 표현도 눈에 띈다. 성경에도 이미 "하느님 하나를 말씀하셨으나 나는 거기서 둘을 알아들었으니, 힘은 하느님의 것이로다"(시편 62,12)[20]라고 기록되어 있지 않은가? 교부들의 확신도 바로 이런 것이었다. "성경 말씀은 육면체의 돌과도 같아"[21] 각 면이 여러 의미를 말해 주고 있다는 것이다. "꼭 같은 성경 구절에서 여러 뜻을 얻을 수 있고 … 꼭 같은 말씀을 여러 방식으로 알아들을 수 있다."[22] 바로 이런 맥락에서 한스 우르스 폰 발타사르는 다음과 같이 말할 수 있었다.

---

17 『바빌로니아 탈무드, 산헤드린』bSanhedrin 34a; 35a.

18 *Zohar* III, 202a.

19 *Be-midbar Rabbà* 13,15.

20 배은주 수녀의 미간행 역본에 따른 번역이다. 이 역본이 필자가 말하고자 하는 바에 부합한다고 생각하여 이 번역을 따랐다 – 역자 주.

21 대 그레고리우스『에제키엘서 강해』II, 9,8(*Omilie su Ezechiele*, a cura di V. Recchia ed E. Gandolfo [Roma: Città Nuova 1993] vol. II, 212).

22 아우구스티누스『그리스도교 교양』III, 27,38(*La dottrina Cristiane*, a cura di V. Tarulli [Roma: Città Nuova 1992] 175–177).

성경의 사중 의미는 오늘날 신학에서 드러나지 않게 부활해 있다. 사실 '문자적 의미'는 '역사 비평적 해석'이, '영적 의미'는 '선포적(kerigmatico) 해석'이, '윤리적 의미'는 '실존적 해석'이, 그리고 '상승적 의미'(senso anagogico)는 '종말론적 해석'이 각각 부각시켜 주고 있다.[23]

영적 성경 독해에서 가장 중요한 요소는 성경에 기록된 사건이 독자의 삶에 간여하게 된다는 것, 그리하여 독자의 삶이 성경의 사건에 그만 '연루'되고 만다는 것이다. 성경은 오늘 바로 독자의 구체적인 삶에 대해서 말하고 있다. 그래서 독자는 이에 기도와 삶으로 응답해야 한다. 나아가 영적 독해는 성경의 교회적이고도 전례적인 특성을 전제로 한다. 그래서 이 해석을 위해서는 "성경 전체가 담겨 있는 살아 있는 직조물"[24]과도 같은 전통을 참조해야 한다. 해석에서 독자의 삶과 전통이 차지하는 중요성에 대해서는 오늘날 독서 행위를 다루는 여러 학문 영역에서도 나름의 경로를 통해 주목하기에 이르렀다.[25] 본문은 단지 역사적으로 결정된 산물이기만 한 것이 아니라 역사를 산출하는 장본인이기도 하다. 그래서 그 본문을 자기에게 주어진 생생한 말씀으로 읽고 받아들이는

---

23 H.U. von Balthasar, *Con occhi semplici. Verso una nuova coscienza cristiana* (Brescia: Herder-Morcelliana 1970) 19.

24 L. Bouyer, *Gnôsis*, 10.

공동체의 해석으로 말미암아 본문이 일단 '가동'되면, 본문은 자기의 의미를 여러 방식으로 전개시켜 나갈 수 있다. 한 성경 본문의 역사성은 저자와 독자 또는 청자 그리고 작성 시기와 장소에 대한 고고학적 지식에만 좌우되지 않는다. 정경이 된 본문은, 성경의 여러 권이 인간 저자들의 전유물이기만 한 것이 아니라 성령을 통하신 하느님이야말로 그 저자가 되신다고 선언하면서, 독자의 층을 무한대의 시간과 장소로 확장하기 때문이다. 따라서 정경으로서 성경 본문은 본문이 산출된 당대뿐 아니라 후대에까지 지평을 넓혀 간다. 그리하여 최초의 본문이 역사 안에 발생시킨 영향, 말하자면 전통 안에서 본문이 살아간 '생애'를 감안하는 신학적 독해를 요구한다. 요컨대 본문은 단지 의미를 '지니고' 있을 뿐만 아니라, 의미를 '생산'한다는 것이다.

가다머는 이를 '영향사'[26]라고 불렀는데, 성서 주석학은 바로 이 점에 주의를 기울이기 시작했다. 1990년에 열린 '신약성경 연구학회' 모임에서 스위스의 주석학자 울리히 루츠는 「베드로 수

---

25 예컨대 실천 언어학(기호학의 한 갈래로서 특정 기호들과 그 기호를 이용하는 이들 사이의 관계를 탐구한다. 말하자면 문장과 그 문장을 읽고 해석하는 이들 사이의 관계를 연구하는 학문 영역인데, 특히 C.W. Morris, F. Recanati 등을 주목할 것), H.R. Jauss와 W. Iser 등의 수용미학(受容美學), 독해의 시학(H. Maschonic), 미국의 '독자 응답 비평'(reader response criticism) 등의 영역을 예로 들 수 있겠다. 성경 독서에서 독자가 성경과 맺는 관계에 관해서는 *Concilium* I(1991)이 *La Bibbia e i suoi lettori*(「성경과 그 독자들」)라는 제목으로 다룬 바 있다.

위권 본문(마태 16,17-19)에 대한 영향사적 접근」이란 제목의 발제에서 '영향사'에 대해 설명한 바 있다. 그에 따르면 영향사란, 본문이 역사 안에서 이해되고 실천된 방식을 검토하고, 새로운 의미를 산출하는 본문의 능력을 감안하여 본문을 이해하며, 사람의 삶까지 아우르는 이해의 전체성을 추구하는 것이다. "영향사는 본문을 통해 역사의 과정에서 우리가 도달한 현재 모습과 장차 도달할 모습을 드러내 준다."[27]

역사의 흐름에 따라 다양한 해석들이 부침했다. 이 해석들을 평가하는 진리의 기준은 과연 무엇인가? 다시 말해 본문의 의미를 정녕 존중하는 해석의 기준은 무엇인가? 루츠는 예수님이 사셨던 삶의 노선에 부합하는가 하는 것이 기준이 된다고 말한다. '사랑의 기준'이라는 실천적 기준을 제시한 셈이다. "새로운 해석은 사랑을 불러일으키고 탄생시키는 한 참되다."[28] 여기서 사랑은 그리스도론적으로 이해해야 한다. 즉, 부활하신 주님에 대한 사랑을 뜻한다. 이는 결국 아우구스티누스가 제시한 원칙, 즉 성경 해

◀26 '영향사'(Wirkungsgeschichte)는 전통의 해석학적 가치를 재발견하라는 요구에 부합한다. "이해라는 행위 자체는 '(이해) 주체의 행위'라고만 알아듣기보다 과거와 현재를 서로 만나게 하는 전통의 진행 과정에 주체가 '편입'되는 행위라고 알아들어야 한다"(H.-G. Gadamer, *Vérité Méthode, les grandes lignes d'une herméneutique philosophique* [Paris: Seuil 1976] 130).

27 G. Segalla, "Il 45° congresso della 'Studiorum Novi Testamenti Societas' (SNTS) all'Università Cattolica del Sacro Cuore (Milano, 23-27 luglio 1990)", in *Rivista Biblica* 39 (1991) 97.

석은 사랑을 강화(건설)하는 데 도움이 되어야 한다는 원칙과 같은 것이다. "누가 스스로 성경을 알아들었다고 믿더라도, 그러한 성경 이해로 하느님 사랑과 이웃 사랑이라는 이중 사랑을 세우지 못한다면 아직 알아들은 것이 아니다."[29] 그러므로 정말 깊고 사랑에 찬 주의력으로 성경에 다가가야 한다. 그리하여 "필경 성경 해석은 사랑의 왕국에까지 가닿아야"[30] 하는 것이다. 이리하여 우리는 라삐들의 주석이나[31] 교부 주석이[32] 공히 중요하게 여기던 영적 해석의 본질적 원리에 도달하게 되었다. "성경은 사는 만큼 알아듣는다"[33]는 말이 그것이다.

신앙으로 인해 성경에서 자기의 깊은 속을 꿰뚫어 보며 심판하는(히브 4,12 참조) 살아 있는 말씀을 알아보게 된 독자는, 같은 성경에서 자신이 지금 여기서 엮어 가는 삶으로 투신하여 응답하라

---

28 같은 곳 참조.

29 아우구스티누스 『그리스도교 교양』 I, 36,40, 53.

30 같은 책, III, 15,23, 161.

31 예컨대 Sifra, *Be-chuqqotaj* 1,5: "율법은 살기 위해, 실천하기 위해 배워야 하는 것이지, 살지 않고 배워서는 안 된다."

32 예컨대 히에로니무스 『미카서 주해』 I, 2,6/8: "성경은 읽고 있는 바를 실천할 때만 읽는 이에게 유익하다"(CCSL 76 [Turnhout: Brepols 1969] 445, II. 227-228).

33 이 독특한 해석 원리가 겸손, 회개/수행, 기도, 사랑이라는 네 영역으로 구체화된다는 사실을 밝힌 연구가 있다. M.M. Morfino, *Leggere la Bibbia con la vita* (Bose: Qiqajon 1990). 이와 관련해서 다음 글도 참조할 것: F. Manns, "Vivre l'Écriture pour mieux la comprendre. Un aspect de l'herméneutique juive et judéo-chrétienne", in *Liber Annus* 32 (1982) 105-146.

는 부르심을 듣게 된다. 그래서 "사는 만큼 알아듣는다"는 원리는 결국 하느님과 이웃을 사랑하라고 명하는 성경(참조: 신명 6,5; 레위 19,18; 마르 12,29-31; 마태 22,37-40; 루카 10,26-28)을 삶에서 실천함으로써 주석하도록 이끈다. 그리하여 "내가 여러분을 사랑한 것처럼 여러분도 서로 사랑하시오"(요한 13,34)라는 '새 계명'을 그리스도처럼 삶으로써 통합할 수 있도록 이끌어 주는 것이다.

마지막으로 기억해야 할 것은, 주석학과 해석학의 탐구는 본문 안에서 명백하게 드러나 있지 않고 더 내적이며 숨은 차원에 간직된 깊은 진리를 꿰뚫어 보는 작업이라는 사실이다. 그래서 해석자는 "구절들을 넘어"(E. Lévinas), 혹은 "비유를 넘어"(V. Fusco), 그 구절들과 비유의 진실을 간파해 내어야 한다. 본문 안의 "말해지지 않은 부분"이 의미심장한 것이다.[34] 달리 말해 보면, 본문에 대한 '이해력'은 우선 '사이 – 읽기'(inter-legere)를 통해 행간을 읽어 내는 일을 뜻한다. 또한 '속 – 읽기'(intus-legere)를 통해 본문의 숨은 내부로 들어가면서 — 기록된 글자들에 담긴 신적 생명의 내부로 들어가면서 — 본문의 속내를 읽어 내는 일을 뜻한다. 그런 식으로

---

34 이 "말해지지 않은 부분"은 단어들 사이의 간격 혹은 여백에 비길 수 있다. 카발리스트들은, 토라란 "한처음에"(창세 1,1)라는 단어에서 시작해서 "온 이스라엘"(신명 34,12)이라는 말로 끝나는 하나의 긴 문장이라고 말한다. 히브리 성경 본문이 모음이나 강세 기호, 문장의 구분 등이 없이 거의 끊어지지 않고 이어진다는 점을 감안하면, 단어와 문장을 형성하도록 자음군(子音群)을 분리시키는 것이 그 자체로 해석이며 의미를 만들어 내는 일이란 사실을 이해할 수 있다.

만 독자는 주님께 대한 살아 있는 '지식'(connaissance)에 도달하게
되고, 이때 비로소 새로운 생명으로 그분과 '함께 - 탄생하기'(con-
naître)[35]가 가능하다.

'기술적 인간'의 옹색한 전망을 넘어

성경 독서는 '교회적 행위'이기에 해석학적 · 기술적 문제로
만 접근할 수 없다. 그것은 교회적이고 인간학적인 더 넓은 맥
락에 자리 잡아야 한다. 사실 오늘 우리는 '기술적 인간'(homo
technologicus)이란 패러다임의 지배를 받는 문화적 맥락에 살고 있
다. 이는 수많은 전문 영역으로 세분화한 문화, 자기의 생존에 꼭
필요한 리듬을 유지하고 그 필요를 해결하기 위해서 시선이 자기
영역에만 갇혀 버려 좁아터진 문화다. 긴 호흡으로 보며 넓고 탁
트인 전망을 지니기에는 아예 글러 버린 문화처럼 보인다. 단기간
에 뭘 어찌해야 한다는 초조감에 사로잡힌 나머지, 드러나는 외형
과 겉모습에 집착할 수밖에 없는 분위기가 압도한다. 여러 측면에
서 볼 때 '정신적 편협함'이라고 부를 만한 분위기다.

이런 환경에서는 성경이 의미와 희망을 산출한다고 보며 읽기

---

35 저자는 여기서 프랑스어 명사 '지식'(connaissance)의 동사 '알다'(connaître)가
어원상 '함께(con) - 탄생하다(naître)'의 뜻을 지니고 있음을 암시하며 일종의 말놀
이를 하고 있다 - 역자 주.

가 어렵다. 실천을 위한 영감의 근원이요 인간과 삶에 영향력을 행사할 수 있는 힘으로 체험하며 접근하기가 어렵다. 우리를 지배하는 문화의 분위기 자체에서 발생하는 어려움들로는 소비주의, 성과와 생산성 중심주의, 이미지와 음향 제일주의, 모든 것을 즉시 얻는다는 신화("전부, 그리고 즉시"), 사회 및 노동 리듬의 가속화, 개인 여가 시간의 집단적 점유와 조직화 등을 들 수 있다. 교회 안에도 사정은 비슷해서, 기도와 삶 사이의 간극뿐 아니라 영적 차원과 인간적 차원 사이의 간극이 좀처럼 좁혀지지 않는다. 영적지도자가 없으며, 본당 및 사목 생활에서 여러 종류의 '활동'만이 압도적으로 중요해진다. 본당과 교구 생활이 관료화된다. 나아가 그리스도교 '지식', 즉 하느님 말씀에 대한 지식(말라 2,7 참조)의 전수라는 본질적 임무를 사제들이 흔히 간과해 버린다. 이런 현상들은 성경이 시대에 뒤진 것이란 느낌을 불러일으킬 수 있다. 동시에, 성경 독서를 다른 많은 활동 중 하나와 같다는 듯이 격하시킬 수 있다. 마지막으로, 오늘처럼 독서를 거의 하지 않는 시대가 없었다는 점을 유념해야 한다. 이런 시대에는 독서 역시 '소비'되고 있다. 즉, 급하게 읽어 치워 버리거나 심심풀이 정도가 될 뿐이다. 기껏해야 독서는 짧은 시간에 많은 정보를 집적하기 위한 행위가 되고 말았다. 이런 상황에서 성경처럼 까다로운 책을 읽는 것은, 다시 말해 하느님이라는 '타자'의 현존을 발견하고 그분과 만나는 데 목적을 두는 그런 독서는 당연히 흥미로운 일이 될 수 없다.

그러므로 오늘날 '의미를 묻는 질문'이 새삼 대두되고 있는 것도 놀랄 일이 아니다. 사람들은 삶에 의미가 있어야 한다고 느낀다. 삶의 방향을 탐색하고, 삶이 이루어지는 관계의 전 영역에 올바른 방향을 잡고 정돈할 필요를 느낀다. 익명화와 경쟁, 비인격화와 개인주의가 지배하는 사회에서 '현존의 문화'에 대한 요구가 커지고 있다. 일상생활의 원자화와 파편화로부터 통합과 친교의 열망이 솟아나고 있으며, 인격으로서의 '나'(自我)가 수많은 유혹들로 분열되어 결국 분해되지 않도록 구해 줄 수 있는 어떤 통합적 기준점을 필요로 하고 있다. 생산성과 효율성이라는 우상 아래 인간성이 희생되고 있는 현실에서 사람들은 무상無償의 친교를 갈망하고 있다. 그리고 '활동'(일)에 짓눌려 버린 '존재'의 차원을 회복시켜 달라며 신음하고 있다. 풍요를 누리며 많은 것을 소유하면서도 단순함과 본질을 절실히 요청하고 있다. '겉모습'에서 '내면'으로, 복잡다단함에서 단순함으로 건너가게 해 달라는 요청, 한마디로 본질에 대한 근원적인 요청이 그 어느 때보다 절박한 시절이다.

교회를 두고 말하자면 이것은 '원천으로 돌아가기'에 대한 요청이라고 할 수 있다. 원천 혹은 뿌리로 돌아갈 때, 분열이 있던 곳에 일치가 다시 꽃핀다. 질식할 것 같은 분위기는 여유와 넓은 시야를 얻어, 비로소 깊은 숨을 쉴 수 있게 된다. 주님이신 예수께 대한 지식을 무엇보다 중요하게 여기면서 신앙의 본질로 되돌아가야 그렇게 될 수 있다. 성경의 교회적 독서 역시 바로 이를 따라야 한다. 결국 누가 그리스도인이라 불릴 수 있느냐 하는 문제는, 사랑과 신앙으로 주님과 얼마나 하나가 될 수 있느냐에 전적으로 좌우된다(1베드 1,8 참조). 공의회 이후 수도원 바깥에서도 거룩한 독서(렉시오 디비나)의 실천이 널리 퍼지게 된 것은 이런 맥락에서 대단히 의미심장하다. 거룩한 독서는, 그리스도교 특유의 철저한 단순성을 회복하고 기도와 삶, 영성과 진정한 인간성을 하나로 통합시켜 주는 모범적 시도이기 때문이다.

3. 하느님의 말씀과 성경

앞의 두 장에서는 영적 주석이 왜 필요한가에 대해 생각해 보았다. 이제 영적 주석의 방식('어떻게')과 주체('누가') 그리고 장소('어디서')에 대해 이야기하고자 한다. 이를 위해 먼저 성경의 특성과 성경이 교회 안에서 차지하는 위치에 대해 살펴볼 필요가 있다.

성경은 하느님의 말씀을 담고 있다

하느님 말씀과 성경의 관계는 어떠한가? 사실 이 둘은 같지 않다. 말씀은 성경을 초월하며 성경이 말씀을 다 담아내지는 못한다는 사실을 성경 자체가 증언하고 있다.

하느님의 말씀은 '힘'이며, 살아 있고 활동하고 있으며 효과적인 실재로서(참조: 이사 55,10-11; 히브 4,12-13) 영원하고(참조: 시편 119,89; 이사 40,8; 1베드 1,25) 전능하다(지혜 18,15 참조). 하느님께서는 말씀하시며, 그 말씀의 힘은 창조계와 역사 안에 드러난다. 하느님께서는 말씀하시며, 그 말씀은 "존재하지 않는 것을 존재하도록 불러내신다"(로마 4,17 참조). 이 말씀은 창조하시는 말씀이며(참조: 창세 1,3; 시편 33,6.9; 지혜 9,1; 히브 11,3), 역사를 정초定礎하신다. '말씀'을 뜻하는 히브리말 '다바르'가 성경에서 '역사'를 뜻하는 말로도 쓰이는 것은(1열왕 11,41; 14,19.29; 15,7.23.31 등) 우연이 아니다. 그러니까 하느님의 말씀은 신학적 실재로서, 하느님의 계시이며 "세상의 정신적이고 물리적인 진화에 대한 하느님의 개입"이다.[1] 그것은 하느님 편에서 들려주시는 '당신 자신에 관한 이야기'로서, 늘 당신께서 보내시는 영과 동행하신다. 사실 성경에서 "성령과 말씀은 계시의 두 가지 형태로, 거듭해서 동시에 나타나신다".[2] 그리하여 '당신 자신에 관한 이야기'는 '당신의 자기 증여'가 되기에 이른다. '계약'을 통해 사람을 만나 주시는 하느님께서 우리와 말씀을 나누면서 허락해 주시는 '대화의 현존'이 이렇게 시작되는 것이다.

신약성경은 하느님께서 "이 마지막 날에는 아들을 통해 우리에게 말씀하셨습니다"(히브 1,2)라고 말한다. 아버지의 외아들이신 분이 바로 하느님 말씀의 결정판이라는 것이다. 아드님은 로고스로서 한처음 하느님과 함께 계시고 하느님이셨으며 창조의 주역이셨다(요한 1,1-2 참조). 그분은 성령의 능력으로(루카 1,35 참조) 여인에게서 나심으로써(갈라 4,4 참조) 사람이 되셨다(요한 1,14 참조). 신약

---

1 A. Neher, *L'essenza del profetismo* (Casale Monferrato: Marietti 1984) 95.
2 같은 책, 91.73-141 참조.

성경이 펼쳐 주는 구원사의 관점에서 하느님의 말씀은, 아버지께서 "너"라고 부르시는 '신적 상대방'이다. 그분은 아버지에 대해 이야기해 주는 아드님으로, 일찍이 아무도 본 적이 없는(요한 1,18 참조) 하느님과 친교를 맺도록 믿는 이들에게 길을 열어 주신다. 사정이 이러하다면, 성경이 곧바로 하느님의 말씀과 동일한 것은 아니며, 따라서 성경을 하느님의 말씀이라고 부르는 일이 옳지 않다는 사실이 명확해진다.

이 맥락에서 「계시 헌장」 24항이 현재 형태로 고정될 때까지 공의회의 토론에서 겪은 여정을 살펴보는 것이 대단히 중요하다. 최초 본문에서는 이렇게 기록되어 있었다.

> 성경은 단지 하느님의 말씀을 담고 있을 뿐만 아니라 참으로 하느님의 말씀이다.

수정 본문에서 "있을 뿐만 아니라"란 부분이 삭제되어 다음과 같이 고정된다.

> 성경은 하느님의 말씀을 담고 있으며 참으로 하느님의 말씀이다.

그러나 당연히 공의회 교부들은 여기서 그치지 않았다. 재수정 본문과 최종 승인 본문에 결정적으로 중요한 표현 하나를 삽입했다.

그리하여 최종적으로 다음과 같이 고정되었다.

성경은 하느님의 말씀을 담고 있으며, 영감을 받았기 때문에 참으로 하느님의 말씀(verbum Dei)이다.

이 문장을 「계시 헌장」 9항과 비교해야 한다. (이 9항은 최초 본문에는 없었다.)

성경은 성령의 감도로 기록되었으므로 하느님의 말씀(locutio Dei: 하느님께서 말씀하시는 양식)이다.[3]

요컨대 성경은 성령으로 영감을 받은 한에서 하느님의 말씀(verbum Dei)이거나 하느님의 말씀 양식(locutio Dei)이라는 것이다. 공의회 교부들이 성경을 곧바로 하느님의 말씀과 동일시하는 진술을 피하기 위해 노심초사했다는 사실을 엿볼 수 있다. 하느님의 말씀은 사실 성경을 초월한다. 성경의 저자들이 사람이기 때문에, "하느님의 말씀은 성경에 포함되어(담겨) 있다"고 말해야 한다. 그리고 성경이 하느님의 말씀인 것은 오직 성령의 은총 덕분이라고

---

3 *Dei Verbum. Genesi della Costituzione sulla divina rivelazione. Schemi annotati in sinossi*, a cura di L. Pacomio (Casale Monferrato: Marietti 1971) 132-133 참조.

말해야 한다. 오리게네스가 어린 나귀를 타고 예루살렘에 입성하시는 예수님을 두고 우의적으로 해석한 바를 빌려 표현해 보자면, "구약과 신약을 막론하고, 성경은 하느님의 로고스를 실어 나르는 것"[4]이라고 말할 수 있을 것이다. 혹은 브레시아의 가우덴티우스를 인용하자면, "신구약을 막론하고 성경 전체는 하느님의 아드님을 담고 있다"[5]고 표현할 수도 있을 것이다.

유다교의 구세사적 관점에서 보면 성경은 "대변인"이거나 "해석될 수 없는 원래 말씀의 해석자"이다. 달리 말해 "무한하신 말씀(davar)은 말씀을 포착하는 문자 기호들과 똑같은 것이 아니다. 하지만 성경은 그 말씀이 인간의 글자들 속에 응축되는 과정에 대한 증인이 된다".[6] 사실 글자들이 말씀을 다 담아낼 수 있는 것은 아니다. 어쨌든, 기록된 '토라'는 이제 법전으로 취급되고 한 단위의 문집으로 규정된다. 그래서 토라를 열기 위해서는 무한한 해석 작업으로 찾아 구해야 하는 것이다. 탈무드 전승은 레위기 10장 16절에 동일 동사가 반복되는 "다로쉬 – 다라쉬"darosh darash(그는 엄밀히 조사했다)가 토라의 중심부라고 본다. 토라의 전체 단어 수를

---

4 오리게네스『요한 복음 주해』X, 30,188 (*Commentaire sur S. Jean* II, SC 157 [Paris: Cerf 1970] 496).

5 "Omne corpus divinae Scripturae, tam veteris quam novi Testamenti, Filium Dei continet"(Gaudenzio da Brescia, *Secondo discorso sull'Esodo*, PL 20,856A).

6 D. Banon, *La lecture infinie*, 33 참조.

계산해 보니 그렇다는 것이다. 결국 토라 자체가, 그 한복판에 나오는 말마디가 보여 주듯, 자기를 해석하라고 요구한다는 말이다. '미드라쉬'란 말도 바로 이 동사 '다라쉬'(darash)에서 유래한다.

> 최초의 현인들은 '소페림'(soferim)이라 불렸다. 이들은 토라의 모든 글자의 수를 '헤아렸기'(sofar) 때문이다. 그들은 … "다로 쉬-다라쉬"(레위 10,16)가 토라에 나오는 단어들의 중심에 있다고 말하곤 했다.[7]

그리스도교 구세사의 관점에서도 사정은 비슷하다. 성경은 하느님 말씀을 증언하는 것이지 말씀 자체와 동일시되지 않는다. 하느님의 영원한 말씀 예수 그리스도는 단지 성경에만 담겨 있고 성경 말씀으로 다 해설되어 버리고 마는 것이 아니다. 네 복음서 역시 상이한 인간적 표현과 관점으로 영원한 말씀에 접근하고 있을 따름이지 그 말씀을 전부 다 담고 있는 것은 아니다. 말씀과 성경은 이처럼 곧장 동일시될 수 없다.[8] 말씀은 성경에 기록된 모든 것보다 무한히 더 크다. 그래서 성경은 오직 성령의 해석 덕분에 알아듣고 받아들일 수 있다. 성령이야말로 아들과 아버지에 관해 성경 안에 기록된 바를 설명해 줄 수 있는 분이다. 예수께서는 아무런

---

7 『바빌로니아 탈무드, 키두신』 bQiddushin 30a.

기록도 남기지 않았다. 사실은 신약성경 자체가 이미 '해석'이다. 다시 말해 신약성경은 토라를 몸소 체현하고 완성하심으로써 해석해 주신 그리스도에 대한 증언이다. 신약성경은 부활하신 그리스도에 대한 신앙의 빛으로 구약성경을 다시 읽은 결과물이다. 동시에 신약성경은 성경의 빛으로 예수님의 삶과 직무를, 그리고 죽음과 부활을 다시 읽은 결과물이기도 하다.

그러므로 한편으로 말씀은 성경에 선행하고 그것을 초월한다. 그러나 다른 한편으로는 성경 역시 어떤 측면에서 볼 때 말씀에 선행한다. 이리하여 말씀과 성경 사이에는 상호 순환의 흐름이 생긴다. "(강생과 파스카로) 사건이 된 말씀은 성경으로 기록된다. 그리고 기록된 그 말씀은, 성경의 도움으로 거듭 말씀의 자리로 되돌아간다. 그리하여 또다시 성경을 해석하는 말씀이 된다."[9]

그리스도교 전통 전체를 통해 매번 거듭하며 확인되는 것은 "그리스도께서 문자 속에 담기신다"[10]는 확신이다. "성경은 전체

---

[8] 이 점을 강조하는 이유는 성경이 근본주의적 용도로 사용되지 않도록 하기 위함이다. 근본주의적 접근은 교회론적으로 분파주의적 입장을 대변한다. 문자 그대로의 의미를 교조화하면서 성경과 하느님 말씀을 곧바로 동일시하는 태도는 성경의 권위를 강화시키는 것처럼 보이지만, 실상은, 성경의 역사성을 부인함으로써 하느님 말씀을 다른 어떤 것으로 환원시켜 버리는 것이다. 그리하여 성경으로 하여금 늘 지금의 역사적 상황에 의미 있는 말씀을 전해 줄 수 있도록 해 주는 영적 해석의 가능성을 막아 버리는 결과를 낳는다.

[9] A. Milano, *La parola nell'eucaristia. Un approccio storico-teologico* (Roma: Dehoniane 1990) 49.

가 하나의 커다란 성사로서, 그리스도 안에 집약된 구원의 신비를 마치 보자기처럼 제 안에 감싸고 있다.[11] 그러므로 독자는 성령의 인도로 '문자'를 통과하여 신비의 깊은 곳에 이르러 그분을 만나야 한다."[12] 성경에 대한 이러한 전통적 이해는 결국 '강생의 유비'에 근거를 두고 있다. 이제 이 점에 대해 설명해 보겠다.

강생의 유비

신앙인은 성경을 그리스도의 몸처럼 생각하며 읽는다. "그분의 몸은 성경의 끊임없는 전승이다."[13] 그리스도교 전통은 성경이라는 그리스도의 몸을 늘 그분의 역사적 몸에 빗대어 생각해 왔다. 다시 말해 성경을 로고스께서 육신을 취한 형태로 보았던 것이다.

신앙고백문 역시 동정녀 마리아 안에서 말씀이 강생하신 것을

◀10 Erveo di Bourg-Dieu, *Commento alle lettere di san Paolo. Alla Prima ai Corinti* I, PL 181,824C.

11 "Et paene ubique Christus aliquo involucro sacramenti praedicatus est a prophetis"(아우구스티누스『시편 상해』*Esposizioni sui Salmi* XXX/2,2,9, a cura di R. Minuti [Roma: Città Nuova 1967] vol. I, 478).

12 M. Magrassi, "Bibbia pregata", in Id. et al., *L'"oggi" della Parola di Dio nella liturgia* (Torino-Laumann: Elledici 1970) 212.

13 암브로시우스『루카 복음 해설』6,33(*Esposizione del Vangelo secondo Luca*, a cura di G. Coppa [Milano-Roma: Biblioteca Ambrosiana-Città Nuova 1978] Vol. II, 35).

하느님 말씀이 예언자들의 말씀 안에서 육신을 취하신 것에 나란히 두고 있다. 전자나 후자나 성령의 역사하심으로 생긴 일임에는 꼭 같다.

하느님의 말씀께서 인간의 육신 안에서 당신을 비우셨듯이, 같은 말씀께서는 사람의 말이 되면서, 즉 기록된 문자가 되면서 당신을 비우셨다. 강생과 성경 기록은 이렇듯 서로 유사한 점이 있다. '강생의 유비'는 바로 이 관계를 일컫는 것으로, 「계시 헌장」에도 그대로 이어진다.

성경에는 하느님의 진리와 거룩함이 늘 손상되지 않은 채, 영원한 지혜의 놀라운 '자기 낮춤'이 드러나 있다. "이는 우리가 하느님의 형언할 수 없는 인자하심과 그리고 하느님께서 우리 인간을 배려하고 보살피시면서 얼마나 당신의 말씀을 알맞게"[14] 사용하셨는지를 배워 익히도록 하기 위해서이다. 왜냐하면 마치 예전에 영원하신 아버지의 말씀이 연약한 인간의 육신을 취하여 인간들을 닮으셨듯이, 인간의 언어로 표현된 말씀들이 인간의 말과 같아졌기 때문이다(13항).

「계시 헌장」은 성경과 교부들이 즐겨 사용한 하느님의 '자기 낮

---

14 라틴 원어 attemperatio를 직역하면 '절제 있게'다 – 역자 주.

춤'[15]이라는 주제를 다시 사용하고 있다. 이것은 하느님 편에서 사람의 눈높이에 맞추어 자신을 낮추고 내려오는 자세를 뜻한다. 이로써 사람은 자기가 처한 상황에서 하느님을 만날 수 있게 된다. 바로 이런 자비로운 자세로 말씀께서는 성경이 되기도 하고 사람의 육신이 되기도 하신다. '자기 낮춤'은 강생에서 십자가의 죽음에 이르기까지 말씀의 전 여정에 두루 적용되는 모습이다. 동일한 이 자세로 말씀께서는 본문의 편집과 전승 과정을 겪는 위험을 무릅쓰면서까지 사람이 기록한 본문에 현존하신다. 그러나 이로 말미암아 하느님의 진리와 거룩함이 손상되는 것은 아니다.

하느님의 아드님께서는 사람이 되셔서 죄만 빼놓고 모든 면에서 사람과 같아지셨다(히브 4,15 참조). 마찬가지로 하느님의 말씀께서는 사람의 말인 성경 안으로 육화해 들어오셨다. 그러나 말씀이 사람의 말이 되셨다고 하여 '거짓말'이나 '죄'마저 되신 것은 아니다. 오히려 '거룩함과 진리'를 살리셨다.

바로 이 맥락에서 강생과 성경이 걸림돌로 드러난다. 나자렛 예수 안에서 그리스도를 알아보고(마르 8,29 참조), 십자가에 달린 분 안에서 하느님의 아들을 알아보며(마르 15,39 참조), '죄'가 되신 분 안에서 거룩한 분을 알아보고(2코린 5,21 참조), 무법자들 가운데 하나로 헤아려진 이 안에서 의인을 알아보며(루카 22,37 참조), 마침내

---

15 라틴어로는 condescensio로, 그리스어 *synkatábasis*의 번역어다. 글자 그대로 풀면 '함께 – 내려감'이라는 뜻이다 – 역자 주.

십자가 형장이라는 '하느님 – 없는' 장소에서 하느님의 현존을 알아볼 수 있어야 한다.[16] 이와 마찬가지로 인간의 성경 안에서 하느님의 말씀을 알아보고, 유일한 말씀을 여러 책의[17] 다양성 안에서 알아보아야 한다. 즉, 서로 다른 표현 형태라든지 내용의 상호 긴장과 상충 및 신학적 관점의 다양성 안에서도 말씀을 알아볼 줄 알아야 한다. 나아가 성경 본문 형성에 필수적인 역사 과정 안에서도 성령의 활동을 알아보아야 한다. 구두 전승과 편집 초안, '다시 – 읽기'와 '다시 – 쓰기', 본문 변질과[18] 난외欄外 해설, 본문 전승 과정에서 벌어지는 여타의 수정 등, 이 모든 것 안에서도 성령의 활동을 알아볼 줄 알아야 한다는 것이다. 강생의 신비를 받아들이는 이는 성경 안에 계시는 하느님 말씀의 신비도 받아들일 것이다. 성경 안에 계시는 하느님 말씀의 신비를 받아들이는 이는 강생의 신비도 받아들일 것이다. 이는 신앙으로만 가능한 영적 여정의 결실이다.

하느님의 말씀을 불완전하고 인간적인 표현 안에서 받아들여야 한다. 하느님의 아드님을 인간 예수의 허약한 몸 안에서 받아들여야 함과 마찬가지다. 성경과 강생의 이 유비에 관해서는, 교

---

16 E. Käsemann, "The Pauline Theology of the Cross", in *Interpretation* 24 (1970) 155-156 참조.

17 성경 각 권을 뜻한다 – 역자 주.

18 원문이 전승이나 필사 과정에서 겪을 수밖에 없는 오기나 첨삭 등의 변형을 뜻한다 – 역자 주.

부들의 전통에서 동방에서는 오리게네스가,[19] 서방에서는 아우구스티누스가 깊이 천착한 바 있다. 아우구스티누스는 충만한 하느님의 계시가 '문자'와 '육신'이라는 허약함을 통해 드러난 하느님의 자기 낮춤으로 절정에 이른다고 말한다.

> 성경 전체에서 펼쳐지는 하느님 말씀이 원래 단 하나이고, 수많은 성인들의 입을 통해 울려 퍼지는 말씀도 원래 단 하나임을 잊지 마십시오. 한처음 하느님과 함께 계셨던 말씀은(요한 1,1 참조) 시간의 바깥에 계셨기에 어떠한 인간의 음절音節도 지니지 않으셨습니다. 하지만 스스로 낮추셔서 우리 육신의 허약함을 취하셨을 때에는, 우리 약함의 눈높이에 맞추어 주시느라 소리로 울려 나오는 인간의 말마디로 분절分節되기에 이르도록 내려오셨습니다. …[20]

동방에서는 오리게네스 전통의 노선을 이어받아 고백자 막시무

---

19 본서 7장 각주 11 참조. 강생으로 "하느님 말씀이 육신이라는 너울로 덮이게" 되었듯이, 성경 안에서는 "문자라는 너울로 덮이게 되었다. 그리하여 문자를 마치 육신인 양 볼 수 있게 되고, 문자 속에 숨은 영적 의미는 마치 신성인 양 감지할 수 있게 된다": 오리게네스 『레위기 강해』 I, 1 (*Homélies sur le Lévitique*, a cura di M. Borret, SC 286 [Paris: Cerf 1981] 66).

20 아우구스티누스 『시편 상해』 CIII, 4,1 (*Esposizioni sui Salmi*, a cura di T. Mariucci e V. Tarulli [Roma: Città Nuova 1976) vol. III, 749.

스가 이런 이해를 피력한 바 있다.

> 하느님의 로고스가 육신이 되셨습니다. 이는 단지 강생만을
> 뜻하는 것이 아닙니다. 한처음 아버지와 함께 계시던(요한 1,1
> 참조) 로고스이신 하느님께서 … 사람들 가운데 오실 때 … 사
> 람들에게 익숙한 것들을 통해 말씀하셨다는 뜻이기도 합니
> 다. 다시 말해 여러 가지 이야기와 수수께끼, 비유와 어려운 설
> 교들을 통해 스스로를 드러내시면서 인간의 글과 이야기 안
> 에 육화하셨습니다. 사실 우리 지성은 처음에는 있는 그대로
> 의 로고스에 다가갈 수 없습니다. 단지 강생하신 로고스께만,
> 즉 로고스의 여러 표현에만 다가갈 수 있을 따름입니다. 본질
> 로서의 로고스가 아니라 그 드러나는 형태인 육신에만 다가갈
> 수 있다는 것입니다. 그래서 많은 이들은 로고스가 아니라 단
> 지 그 육신만 볼 따름이라고 생각하지만, 사실 육신은 바로 로
> 고스입니다. 성경의 의미는 여느 사람들에게 보이는 대로가
> 아닙니다. 로고스께서 기록된 단어 각각을 통해 육신이 되시
> 기 때문입니다.[21]

---

21 고백자 막시무스 「신학과 강생의 경륜에 대한 200 단장. 탈라시우스에게 보
낸 편지」*Duecento capitoli sulla teologia e sull'economia dell'incarnazione del Figlio
di Dio. A Talassio* 2,60, in *La filocalia* II, a cura di M.B. Artioli e M.F. Lovato
(Torino: Gribaudi 1983) 151.

강생이 하느님과 사람 사이의 만남과 친교, 대화와 계약을 겨냥하는 것처럼, 성경 역시 그러하다. 오리게네스에 따르면 "같은 말씀께서 당신의 장막을 우리 가운데 치기 위해 성경 안에서 육신이 되셨다".[22] 오리게네스는 제4복음서의 첫머리에서 강생에 대해 말하고 있는 것을(요한 1,14 참조)[23] 성경에 그대로 적용하고 있는 것이다. 그러니까 성경에는 그리스도께서 "축약된 말씀"(Verbum abbreviatum)[24]으로 담겨 계시는 것이다. 하느님께서는 구약의 '여러 말씀'을 통해 점진적으로 당신 자신을 드러내시는데, "축약된 말씀"이란 이 '여러 말씀들'이 응축되고 종합된 '단 한 말씀'이란 뜻이다. 이 '단 한 말씀'이 '장차 강생하셔야 할 말씀'으로 구약성경 안에도 이미 현존하고 계시는 것이다.

성경은 이렇듯 유일한 하느님 말씀의 중개자 역할을 한다. 성찬과도 같이, 성경 역시 제 안에 "말씀이신 주님과 영이신 주님을 담고 있다".[25] 나아가, 성찬이 그러하듯, 성경 역시 성령의 인도를 따라 믿음으로 나아오는 이에게 주님을 전해 줄 수 있는 것이다.

---

22 오리게네스 『필로칼리아』 15,19 (SC 302, 438).

23 "말씀이 육신이 되시어 우리 가운데서 거처하셨다"(요한 1,14)의 원문을 직역하면 "말씀이 육이 되시어 우리 가운데 장막을 치셨다"이다.

24 H. de Lubac, *Esegesi medievale* I, 325-354 참조.

25 H.U. von Balthasar, "Verbo, Scrittura, Tradizione", in *Saggi teologici*, I. *Verbum caro* (Brescia: Morcelliana 1970²) 22.

말씀과 성찬

말씀과 성찬의 이런 병행 관계는 제2차 바티칸 공의회 여러 문헌에서 집요하게 강조한 바 있다. 예컨대 「전례 헌장」 48항과 51항, 「계시 헌장」 26항, 「선교 교령」 6항, 「사제 생활 교령」 18항, 「수도 생활 교령」 6항, 그리고 무엇보다 「전례 헌장」 56항과 「계시 헌장」 21항 등이 그러하다.

「전례 헌장」은 이렇게 말하고 있다.

> 말씀 전례와 성찬 전례는 서로 밀접히 결합되어 있어 단 하나의 예배 행위를 이룬다(56항).

이 말은, 교회는 전례에서 자기 본질을 실현하는데, 전례에서 성경과 빵은, 말하자면 일종의 '대사 작용'代謝作用을 통해, 주님의 말씀과 몸이 된다는 사실을 확인해 주고 있다. 요컨대 말씀과 성사 사이에는 본연의 어떤 일치가 있다. 그래서 하나는 다른 하나를 포함하며, 그 순환 관계를 통해 이 둘은 주 예수 그리스도 안에서 완성된 충만한 구원 사건을 오늘 드러내 보여 주고 있는 것이다.

「계시 헌장」은 이렇게 말한다.

> 교회는 언제나 성경을 주님의 몸처럼 공경하여 왔다. 왜냐하

면 교회는 특히 거룩한 전례를 거행하면서 그리스도의 몸의 식탁에서뿐만 아니라 하느님 말씀의 식탁에서도 끊임없이 생명의 빵을 취하고 신자들에게 나누어 주고 있기 때문이다 (21항).

이 최종 본문은 아쉽게도 재수정 본문에 나오는 '마찬가지로'란 표현을 '처럼'으로 대체하면서 성경과 주님의 몸 사이의 밀접한 관계를 많이 약화시켰다.[26] 공의회 참석자들 중에 말씀의 식탁과 성찬의 식탁을 지나치게 비슷하게 만드는 게 아닌가 두려워하는 이들이 있었기 때문이다.

이전 본문의 '마찬가지로'가 '처럼'으로 바뀐 사실은 교회가 성경과 주님의 몸을 공경하는 상이한 방식을 드러내 준다. 이 항목과 앞에서 언급한 공의회 문헌의 다른 항목들에서도 이런 식으로 다급하게 말을 만들어 내느라 숨 막힐 듯 팽팽했을 회의석상의 분위기를 분명히 감지할 수 있다. 아마도 이런 표현들은 격론의 와중에 타협책으로 제시되었을 것이다. 그럼에도 이런 항목들이 공의회 정신을 실현하기 위해 앞으로 가야 할 길을 열어 주었다는

---

26 저자는 성경과 성체 사이의 연속성을 더 강조하는 뉘앙스를 지닌 'velut'이 최종 본문에서 고수되지 않은 것에 대해 아쉬움을 표하고 있다. 물론, 저자가 거듭 강조하는 것처럼, 성경이 '주님의 몸'으로 강조된다고 해서 성경과 말씀의 구분이 약화되는 것은 아니다. 성경과 말씀의 구분이야말로 성경의 성사성의 토대가 되기 때문이다 – 역자 주.

점만큼은 분명하다. 나아가, 말씀과 성찬 사이의 밀접한 관련은 성경의 증언에 뿌리를 두고 있고 안티오키아의 이그나티우스를 비롯해서 교회 교부들도 증언하고 있다는 사실을 간과하지 말아야 한다. 중세에 와서는 시토회와 생 빅토르 학파의 저자들도 이를 증언하고 있으며, 늦게 잡아도 오리게네스를 시작으로 교부들이 강생과 성경과 성찬에 대해 이야기하면서 동일한 상징어를 사용하고 있다는 사실을 염두에 두어야 한다. 요한 복음서 6장에서 그리스도께서는 두 가지 뜻으로 스스로를 "생명의 빵"(35.41.48.51)이라 선포하신다. 첫째는 로고스, 즉 하느님의 말씀이요 하느님을 계시하는 분이라는 뜻이고, 둘째는 성찬의 음식과 음료라는 뜻이다.[27] 안티오키아의 이그나티우스는 "마치 예수님의 몸 안으로 피신하듯 복음 안으로 피신한다"[28]고 했거니와, 히에로니무스 역시 이런 말을 남겼다.

주님의 몸은 참된 양식이요 그분의 피는 참된 음료이기에, 상

---

[27] Y. Congar, "Les deux formes du pain de vie dans l'Évangile et dans la Tradition", in *Parole de Dieu et sacerdoce. Études présentées à S. Exc. Mgr. Weber, Archevêque-Évêque de Strasbourg, pour le cinquantenaire de son ordination sacerdotale*, a cura di E. Fischer e L. Bouyer (Paris-Tournai-Rome-New York: Desclée & C. 1962) 21-58.

[28] 안티오키아의 이그나티우스 『필라델피아 신자들에게 보낸 편지』 4,1(*Lettera ai Filadelfesi* in id., *Ora comincio a essere discepolo*, 39).

승적 의미(sensus anagogicus)[29]에 따라 이렇게 말할 수 있습니다. 즉, 단지 '제단의 신비'(미사)에서뿐 아니라 성경 독서에서도 그분의 살과 피를 양식으로 삼는 일이야말로 현세에서 유일한 선익이라는 것입니다. 참된 음식과 참된 음료는 사실 하느님의 말씀에서 얻는 것, 다시 말해 성경의 지식입니다.[30]

교회 전통에서는 이렇듯 빵뿐만 아니라 성경 말씀도 쪼개 주시는 예수님에 대해 말하고, 그래서 빵만이 아니라 성경 역시 '먹는 것'이라고 말한다. [이미 구약성경에서 에제키엘이 하느님께서 몸소 주시는 두루마리를 받아먹었다(에제 2,8-3,3 참조). 나아가 묵시를 받는 요한 역시 천사의 손에서 작은 책을 받아 삼켰다(묵시 10,8-11 참조).] 말씀은 마리아에게서 육신이 되셨거니와 성경에서도 육신이 되셨으며, 마리아께서 성령으로 말씀을 잉태하셨듯이 모든 신앙인도 거룩한 독서를 하면서 성령으로 말씀을 잉태할 수 있다는 것이 교회 전통의 관점이다.

교부들은 성체성사가 그러하듯 성경 독서 역시 하느님과 만나며 친교를 맺는 현장이라는 사실을 명확히 의식하고 있었다. 예컨대 히에로니무스는 이렇게 말했다. "기도하고 있습니까? 그렇다

---

29 '상승적 의미'에 대해서는 5장의 각주 40 참조 – 역자 주.

30 히에로니무스 『코헬렛 주해』 3,12.13, CCSL 72(*Commento all'Ecclesiaste*, [Turnhout: Brepols 1959] 278, ll. 193-198).

면 그대는 '신랑'이신 분께 말씀드리고 있는 것입니다. 성경을 읽고 있습니까? 그렇다면 그분께서 그대에게 말씀하시고 계신 것입니다."[31] 밀라노의 암브로시우스 역시 이렇게 말했다. "기도할 때 우리는 하느님께 말씀드리고 있는 것이고, 하느님의 영감으로 쓰인 성경을 읽을 때 우리는 그분의 말씀을 듣고 있는 것입니다."[32]

그러니까 성령 안에서 성경에 다가가며 성경을 그리스도와 한몸으로 알아듣고 읽을 때, 교회 공동체 안에서 신앙으로 받아들일 때 성경은 힘 있는 양식이요 하느님께서 주신 "생명의 양식"으로서 우리 삶에서 효력을 발휘한다. 하느님 말씀에 배고파하고 목말라한다는 표현은 이미 성경에서 자주 보이거니와,[33] 말씀을 영적인 음식이요 자양으로 보는 성경의 이 관점에서 출발하여 교부 전통은 말씀의 양식과 성찬의 양식 사이의 관계에 대해 사색했다. 그리하여 마침내 말씀의 식탁과 성찬의 빵과 포도주가 차려진 식탁, 이렇게 두 개의 식탁이 있다는 표현이 생기게 되었다.

하느님 말씀은 신앙인의 삶을 위한 양식이 된다. "하느님 말씀

31 같은 저자 『서간집』 22,25(*Le lettere*, a cura di S. Cola [Roma: Città Nuova 1962] vol. I, 202).

32 밀라노의 암브로시우스 『성직자의 의무』 I,20,88(*I doveri*, a cura di G. Banterle [Milano-Roma: Biblioteca Ambrosiana-Città Nuova 1977] 77).

33 신명 8,2-3; 아모 8,11; 예레 15,16; 시편 119,103; 지혜 16,26; 집회 24,18-22; 잠언 9,1-5; 에제 3,3; 마태 4,4; 묵시 10,9 등.

으로 양육되지 않은 사람은 살지 못한다."[34] 이 말씀은 효력이 있고 '중립'이 아니니, 심판을 동반한다. "하느님 말씀은 우리의 만나이다. 신적인 말씀은 우리에게 오시면서 어떤 이에게는 구원을, 어떤 이에게는 징벌을 가져다준다."[35]

요컨대 성경은, 자신을 통해 말씀하시는 그리스도와 접촉할 수 있게 해 줌으로써 성사적인 가치를 지니는 것이다.

> 사도 바오로가 쓴 성경을, 그 뜻을 훼손함이 없이 온전히 이해하는 사람은 사도 바오로 안에 살아 계시고 말씀하시는 그리스도를 받아 모시게 됩니다. 그리고 그리스도의 가르침 역시 몸소 지니게 됩니다.[36]

도이츠의 루페르트도 이렇게 말하고 있다.

> 성경은 그 전체가 하느님의 단 한 말씀입니다. … 그러므로 우리가 성경을 읽을 때는 하느님의 말씀을 만지는 것이고, 우리

---

34 히에로니무스 『마태오 복음 주해』 I,4,4, CCSL 77(*Commento a Matteo* [Turnhout: Brepols 1969] 20, II. 332-333).

35 오리게네스 『신명기 강해』 III,1,1(*Homèlies sur les Nombres I*, a cura di L. Doutreleau, SC 415 [Paris: Cerf 1996] 74).

36 같은 저자 『마태오 복음 주해 단편』 *Commento al Vangelo di Matteo. Frag-menti* 218.

눈앞에 "거울에 비친 모습처럼 어렴풋이"(1코린 13,12) 그리스
도를 마주하게 되는 것입니다.[37]

『교회일치의 보존』*De unitate Ecclesiae conservanda*을 쓴 익명의 저자는
이를 다음과 같은 기념비적 표현으로 요약한다. "우리는 하느님
의 성경 역시 그리스도의 몸이라 알아듣습니다."[38]

　이처럼 성경과 성찬은 둘 다 그리스도의 성사적 몸이다. 성체성
사를 제정하신 그 말씀은 성경 말씀에도 적용할 수 있다. 그래서
오리게네스는 이렇게 말한다.

　하느님이신 말씀께서 당신의 몸이라고 일컬으신 것은 몸소 손
　에 들고 계시던 빵이 아니라 '말씀'이었으니, 그 말씀의 신비
　안에서 빵이 쪼개지게 되는 것입니다. 그리고 당신 피라고 일
　컬은 것도 눈에 보이는 포도주가 아니라 '말씀'이었으니, 그 말
　씀의 신비 안에서 포도주가 부어지게 되는 것입니다.[39]

---

　37 도이츠의 루페르트『삼위일체 3. 성령론 1,6』(*Les Oeuvres du Saint-Esprit* I, a
cura di E. de Solms, SC 131 [Paris: Cerf 1967] 72-74).

　38 "Corpus Christi intelligitur etiam Scriptura Dei"(H. de Lubac, *Esegesi
medievale* II, [Milano: Jaca Book 1988] 166에서 재인용).

　39 오리게네스『마태오 복음 주해』85 (*Commento a Matteo. Series* 85, a cura di
G. Bendinelli, R. Scognamiglio e M.I. Danieli [Roma: Città Nuova 2006] vol.
II, 93).

히에로니무스 또한 오리게네스의 노선에서 이같이 말한다.

> 나는 복음을 예수님의 몸처럼 생각합니다. … "내 살을 먹는 사
> 람은"이라고 말씀하셨을 때 … 물론 이를 성체성사로 알아들
> 을 수 있지만, 더욱 진정한 의미에서 그리스도의 몸과 피는 성
> 경 말씀입니다.[40]

그렇다고 이것이, 오리게네스가 "예형이요 상징"[41]이라고 부른 성
체성사의 몸을 부정하는 것은 아니다. 성찬례에서 받아 모시는 그
몸은 로고스 자체의 예형이요 상징인 반면, 성경은 더 엄밀하고
깊은 의미에서 바로 그 로고스의 살이요 피라 할 수 있다.[42]

　하느님 말씀의 살과 피인 성경은 온 인류를 배불릴 양식이요 음
료다.[43] 그러므로 그러한 성경에 다가간다고 하는 것은 성경 안에
현존하시는 그리스도를 먹고 마심을 뜻한다.

> 구약성경과 신약성경이라는 두 잔을 다 마시십시오. 두 잔 모
> 두에서 그리스도를 마시기 때문입니다(quia in utroque Christum

---

40 히에로니무스 「시편 제147편 주해」(Commento al salmo 147, CCSL 78
[Turnhout: Brepols 1958] 337-338, ll. 57-61).

41 오리게네스 『마태오 복음 주해』 II,14(Commentaire sur l'évangile selon
Matthieu I, a cura di R. Girod, SC 162 [Paris: Cerf 1970] 346).

42 H. de Lubac, Storia e spirito (Milano: Jaca Book 1985) 385-403 참조.

bibis) ··· 성경은 마시는 것이고 삼키는 것입니다. ··· 사람은 빵
만으로 사는 것이 아니라 하느님의 말씀으로 삽니다(루카 4,4).[44]

성찬 전례는 예수님께서 성경 전체를 당신 몸에 손수 집약하신 사
건의 기념이다. 예수님께서는 성찬의 빵처럼 그 성경을 모아 믿는
이들에게 내어 주시어 이들의 양식과 영양분이 되게 하셨다. 이
맥락에서 도이츠의 루페르트가 요한 복음을 강해하며 남긴 대담
한 발언을 기억하는 것이 좋겠다.

예수님께서는 책을 드시어 ··· 그것을 펼치셨습니다. 다시 말
해 하느님의 능력으로 성경 전체를 받아들이시어 당신 몸 안
에서 완성하셨습니다. ··· 요컨대 주 예수님께서 성경에 따라
강생하셔서 수난하시고 부활하셨을 때는 성경의 빵을 당신 손
에 드셨던 것입니다. 그리고 성경 말씀을 이루시면서 당신 자
신을 감사와 진리의 희생 제물로 아버지께 바치셨을 때도 두
손으로 바로 이 빵을 드시고 감사를 드리셨던 것입니다.[45]

43 오리게네스『레위기 강해』7,5 (SC 286, 336-338) 참조.

44 밀라노의 암브로시우스『열두 시편 해설』중「시편 1,83에 대한 해설」(Com-
mento ai salmi 1,83, in Id., Commento a dodici salmi I, a cura di F. Pizzolato
[Milano-Roma: Biblioteca Ambrosiana-Città Nuova 1980] 80-81).

45 도이츠의 루페르트『요한 복음 주해』Commento al Vangelo di Giovanni,
6,11b, CCCM 9 (Turnhout: Brepols 1969) 308-309, ll. 336-339; 342-347.

동·서방 교회의 전례 전통은 모두 성경을 살아 계신 주님처럼 공경해 왔다. 성찬의 빵과 포도주와 마찬가지로 성경 안에서도 그분의 현존을 알아보았던 것이다.[46] 요컨대 성경과 성찬은 일종의 '상호내재'(perikoresis)라 부를 만한 본질적인 관계로 서로 엮여 있다. 성경과 성찬의 유일한 근거는, 말씀을 발하시는 하느님께서 자신을 우리에게 선사하신다는 사실이다. 이 둘 모두 안에서 하느님께서 당신 자신을 우리에게 선사하시며, 이 선사는 성령 덕분에 생기는 일이다. 그러니까 성령청원기도는 비단 성찬 거행에만 필요한 것이 아니라 모든 말씀 전례의 거행에도 필요하다. 성경의 성사성 덕분에, 말씀 전례의 거행은 단지 허용되는 정도에 그치는 것이 아니라 독립된 품위와 효력을 지닌다. 그러므로 교회 안에서 성경이 지니는 고유한 특성이 있음을 알아야 한다. 한마디로 성경은 하나의 성사다.

성경은 성사다

"하늘에 계신 아버지께서는 성경 안에서 사랑으로 당신 자녀들과 만나시며 그들과 함께 말씀을 나누신다. 하느님의 말씀은 교회에게는 버팀과 활력이 되고, 교회의 자녀들에게는 신앙의 힘, 영혼

---

46 H. Haag, "Il carattere divino-umano della sacra Scrittura", in *Mysterium salutis* I/1, a cura di J. Fenier e M. Löhrer (Brescia: Queriniana 1969²) 407.

의 양식, 그리고 영성 생활의 순수하고도 영구적인 원천이 되는 힘과 능력이 있다"(「계시 헌장」21). 공의회가 말씀에 관해 하는 이야기다. 전례를 두고서는 또 이런 이야기를 한다. "당신 말씀 안에 현존하시어, 교회에서 성경을 읽을 때에 당신 친히 말씀하시는 것이다"(「전례 헌장」7). 결국, 성경을 통하여 "하느님께서 당신 백성에게 말씀하시며 그리스도께서 여전히 복음을 선포"(「전례 헌장」33)하시는 것이다. 이리하여 공의회는, 말씀이 계약의 효력을 지님은 물론이요 거룩한 온 백성에게 선사되었다는 사실, 그리고 하느님 현존의 장소가 된다는 사실을 알아보는 길을 활짝 열어 놓았다.

그러나 아직도 성사와 말씀을 분리시켜 생각하는 경향이 남아 있다. 성경 말씀은 가르침을 베푸는 반면 성사는 은총을 베푸는 것이라는 관념, 말씀은 단지 성사를 준비시키고 가르치는 역할을 할 뿐인 반면 성사야말로 효력을 발휘한다고 생각하는 관념 탓이다. 그러나 하느님 말씀을 성사적 맥락에서 힘과 은총을 전달해 주는 것으로 받아들여 실천하지 않고 단지 진리와 계명과 교리의 전수라는 관점에서만 바라본다면, 하느님 '의' 말씀은 늘 하느님에 '관한' 말씀으로만 남게 되고 성사 거행의 전前 단계로만 기능하게 된다.[47]▶

성찬에서나 말씀에서나 그리스도의 현존은 동일하다는 사실을 강조해야 한다. 그리스도께서는 말씀을 선포하고 성경을 풀이하시면서 당신 생명을 선사해 주셨고, 당신의 몸과 피를 내어 주시면서 성경을 풀이하고 말씀을 열어 주셨다. 그러니까 성찬이 몸 동작인 동시에 선포(1코린 11,26 참조)이듯이, 스스로를 성취하며 효력을 발생시키는 말씀 역시 몸동작인 동시에 선포이다. "계시 경륜은 서로 긴밀히 결합된 행적과 말씀으로 실현된다. 구원의 역사 안에서 하느님께서 이루신 업적들은 가르침과 그리고 말씀들로 표현된 사실들을 드러내고 확인하며, 말씀들은 업적들을 선포하 며 그 안에 포함된 신비들을 밝혀 준다"(『계시 헌장』 2). 그러니까 계 시는 단지 "하느님의 말씀"(locutio Dei)이기만 한 것이 아니다. "하 느님의 말씀하심은 곧 행하심이요, 하느님의 행하심은 곧 말씀하 심"이기 때문이다.

바로 이 '계시 경륜' 안에서 하느님께서는 "당신의 넘치는 사랑 으로 마치 친구를 대하시듯이 인간에게 말씀하시고(참조: 탈출 33, 11; 요한 15,14-15), 인간과 사귀시며(바룩 3,38 참조), 당신과 친교를 이 루도록 인간을 부르시고 받아들이신다"(『계시 헌장』 2). 그리고 이 계시 경륜에서 그리스도는 '원형적 성사'(오리게네스)라고 할 수 있 으니, 그분이야말로 하느님과 사람 사이의 유일한 중개자이시기 (1티모 2,5 참조) 때문이다. 교회 역시 성사로서 "인간에 대한 하느님

◄47 E. Bianchi, *Dall'ascolto della Parola alla preghiera liturgica* (Bose: Qiqajon 1990) (Testi di meditazione 33); R. De Zan, "Punti salienti dei 'Praenotanda' dell' 'Ordo lectionum Missae' 1981", in *Rivista Liturgica*, n.s.70 (1983) 701-702; P. Visentin, "La celebrazione della Parola nella liturgia", in S. A. Panimolle et al., *Ascolto della Parola e preghiera*, 239.

의 사랑의 신비를 드러내면서 동시에 실천"(「사목 헌장」 45)하며, 성찬 또한 성사로서 그리스도께서 사람을 사랑하되 "끝까지 사랑하신"(요한 13,1) 바로 그 사랑의 현현이 된다. 나아가, 하느님의 말씀을 전해 주는 성경 역시 성사이니, 하느님께서는 "성경 안에서 사랑으로 당신 자녀들과 만나시며 그들과 함께 말씀을 나누시기 때문이다"(「계시 헌장」 21 참조). 이렇게 성경과 성찬과 교회는 서로 다른 방식으로 그리스도의 '몸'이 되며 서로가 서로를 비추어 주고 해석하는 관계에 있다. 그래서 성경 본문의 독서는 항상 교회 공동체와 맺는 유기적인 관계에서 이루어져야 하며, 성찬이 그 목표가 되어야 하는 것이다.

요컨대 성경은 그 신적이고도 인간적인 특성으로 말미암아 하나의 성사다. 그것은 감각적 표지로서 그리스도의 신비를 간직하고 또한 드러낸다. 그것은 듣는 우리와 말씀하시는 하느님이 참답게 만나는 장소다. 하느님께서는 말씀하심으로써 위격으로서의 당신 신비를 계시해 주시고, 그리스도의 얼굴에서 당신을 알아볼 수 있도록 해 주신다. 그렇게 해서 우리는 그분을 사랑하고 그분과 친교를 맺을 수 있는 새로운 능력을 얻게 되는 것이다. 이런 방식으로 성경 독서는 성경 전체의 핵심적인 요구라고 할 수 있는 '경청 – 지식 – 사랑'의 역동성을 실현시킨다. 경청 – 지식 – 사랑의 중요성은 예컨대 '셰마'에서 잘 드러난다. "이스라엘아, 들어라! 주 우리 하느님은 한 분이신 주님이시다. 너희는 마음을 다하고 목숨을 다하고 … 하느님을 사랑해야 한다"(신명 6,4-5; 마르 12,29). 강생하실 때에 그리스도께서 '하느님의 성사'이셨듯이, 계시의 경륜에서 성경 역시 '하느님의 성사'로서 다른 모든 성사와 함께 그리스도의 활동과 사건을 교회 안에서 연장하는 것이다. 대 그레고리우스는 성경과 그리스도의 깊은 관계를 인식하고 성경 안에서 구세주의 구원 역사役事가 실제로 현존한다고 믿었다. 그래서 성경 안에 "주님의 강생과 수난, 죽음과 부활 그리고 승천이 담겨 있다"[48]고 했다. "그레고리우스는 성경과 그리스도 사이의 관계를 성사론의 틀에서 묘사한다. 성경은 사실 그리스도 신비의 의미를 앞질러 보여 주는 것일 뿐 아니라, 그 신비가 실현되는 첫 단계이기도 하다."[49]

거듭 말하거니와 성경은 성사다. 물론, 성찬이 빵과 포도주이듯 성경은 책이라고 말할 수도 있다. 그러나 이에 덧붙여, 성경은 성사로서 은총이 부어지는 자리이며 하느님과 맺는 친교의 도구로서 그분 현존의 계시가 된다고 말해야 한다. 성경은 '책'이기도 하지만, 참으로 하느님과 우리 사이에 오가는 통교의 표지다. 그래서 다른 모든 성사와 같이 믿음으로 받아들여야 한다. 그렇지 않

---

48 대 그레고리우스『에제키엘서 강해』II,4,19, 119.

49 E. Ruffini, "Sacramentalità ed economia sacramentale negli scritti dei padri della chiesa", in E. Ruffini, E. Lodi, *"Mysterion" e "sacramentum". La sacramentalità negli scritti dei padri e nei testi liturgici primitivi* (Bologna: EDB 1987) 189.

으면 은총을 전달해 주지도 못하고 친교를 탄생시키지도 못한다. 믿음으로 다가갈 때라야 성경은 "믿는 이라면 누구를 막론하고 … 구원으로 인도하는 하느님의 능력"(로마 1,16)인 복음을 우리에게 풀어놓을 수 있을 것이다. "실상 이 복음 안에 하느님의 의로움이 신앙에서 신앙으로 계시됩니다. '신앙으로 말미암은 의인은 살 것이다'라고 기록되어 있는 바와 같습니다"(로마 1,17).

성경은 외적 측면과 내적 측면으로 이루어져 있다는 점에서 성사적 구조를 가지고 있다고 할 것이다. 그래서 신앙인은 성령으로 이루어지는 하느님의 계시 활동에 힘입어 외적 측면에서부터 내적 측면으로 옮아가게 된다. 영적 성경 독해가 필요하다는 말이 바로 이 대목에서 나오게 된다. 교부들의 표현을 빌리면, 이 영적 독해란 문자에서 영으로 건너가는 과정이요, 껍질 속에 숨은 알맹이를, 혹은 잎사귀에 덮인 열매를 찾아내는 일이다. 그렇다고 이 것이, 가당찮은 우의적 의미에 바탕을 두고서 원래의 뜻과는 전혀 '다른' 뜻을 찾는다는 말은 아니다. 단지, 본문 자체와 관계가 있지만 명확히 드러나 있지는 않은 본문의 '심층'을 찾는다는 말이다. 본문의 이 '심층'은 결국 성경 전체를 하나로 모으고 완성하는 그리스도, 그리고 믿음의 독자들과 계약을 맺고자 하는 그리스도와 동일하다. 그러므로 사랑받는 제자가[50] 예수님의 가슴에 머리를

---

50 사도 요한 – 역자 주.

기댔듯이, 우리 역시 성경에 "머리를 기대는" 사랑의 자세로 다가가야 한다. 사실 성 토마스 아퀴나스가 말하듯 "예수님의 마음을 열어 보여 주는 성경은 예수님의 마음을 통해 이해할 수 있다".[51] 독자는 또한 성경은 본질상 동시에 역사적이고 신학적이며 전례적인 것이란 사실을 유념해야 한다. 역사적으로 벌어진 사건들은 신앙의 빛으로 신학적으로 해석되며, 전례 거행으로 다시 체험되고 탄생되는 것이다.

그래서 1964년 10월 5일, 「계시 헌장」 초안의 두 번째 부분에 대한 공의회의 세 번째 토론장에서 에데사의 명의대주교 네오피토스 에델비가 지적했듯, 성경의 성사적 구조는 성찬의 성사적 구조와 떼어 놓을 수 없다. 그는 "성경의 모든 해석에서 첫째가는 신학적 원칙은 성령의 파견과 강생하신 말씀의 파견을 떼어놓을 수 없다는 사실"을 지적하고, "그리스도교 주석의 목적은 부활하신 그리스도의 빛으로 얻는 성경에 대한 이해력"임을 강조한 후, 대단히 힘 있는 어조로 이렇게 말을 이었다. "성경은 전례적이고 예언적인 실재이며, 책이기 이전에 선포이고, 그리스도의 오심에 대한 성령의 증언으로서, 이 증언의 특전적 순간이 바로 성찬 전례이다." "트리엔트 공의회 이후 성경을 무엇보다 기록된 규범으로

---

51 "Per cor Christi intelligitur Sacra Scriptura quae manifestat cor Christi"(토마스 아퀴나스 『시편 주해』 21,11).

보게 되었지만, 성경은 사실 인간의 말이라는 형상形相 아래 축성된 구원 역사歷史로 이해해야 한다. 이 구원 역사의 축성은 빵과 포도주의 형상 아래 이루어지는 성찬 축성과 떼어 놓을 수 없으니, 성찬으로 전 역사가 그리스도의 몸 안에 총괄 실현되는 것이다." 그리고 이 대목에서 전통과 맺는 관계가 언급된다. "이 (성경이라는) 축성에도 (성찬 축성에서처럼) 하나의 성령청원기도가 필요하니, 그것은 바로 거룩한 '성령 청원'이다. 전통은 구원 역사의 성령의 현현이다. 성령 없이는 역사를 이해할 수 없으며 성경 역시 죽은 문자로 남게 될 따름이다."

그러므로 성경은 "구원 역사의 전체성 안에서" 해석되어야 한다.[52] 물론 전례, 특히 성찬 거행에서 성경의 선포는 주님의 현존과 그 친교를 효과적으로 드러내 주는 것은 분명하다. 그러나 개인이 실천하는 거룩한 독서에서도 ― 공동으로 거행하는 거룩한 독서에서는 더욱 그러하지만 ― 그리스도와 맺는 진정한 친교 체험이 일어날 수 있다. 성경을 통해 하느님의 말씀을 믿음으로 듣고 받아들일 때, 우리는 그 말씀을 지극히 개인적으로 각자에게 주어진 것으로만 느끼고 그치는 것이 아니다. 우리는 생명의 말씀을 보고 듣고 만지면서 그 말씀을 실제로 체험하는 것이다(1요한 1,1 참조).

---

52 Discorsi di Massimo IV al Concilio. Discorsi e note del patriarca Massimo IV e dei vescovi della sua chiesa al Concilio ecumenico Vaticano II (Bologna: EDB 1968) 63, 61-64도 참조할 것.

성경은 모든 이에게 주어지는 동시에 각자에게도 주어진다. 성경 말씀이 공동 전례에 모인 전체 회중 "여러분"에게 주어질 때 그 말씀은 구성원 각자인 "당신"에게도 주어진다. 그리고 각 개인에게 말씀이 주어질 때는, 전체 교회 공동체의 구성원으로서의 개인에게 주어지는 것이다. 개인이 하느님 말씀의 수신인인 것은, 개인이 공동체의 구조에 유기적으로 자리 잡고 있기 때문이다.

4. 성경의 일체성

"하느님의 말씀을 '경건히 듣는'"(「계시 헌장」1) 태도에 대한 구체적인 설명은, "성령을 통해 쓰인 성경은 성령의 도우심으로 읽고 해석해야"(「계시 헌장」12) 한다는 문장에 담겨 있다. 전례에서 성경은 성경 전체의 일체성(「계시 헌장」12)의 원리를 토대로 사용되는데, 이 원리만이 성경의 성사성을 이해하고 고수할 수 있게 해 준다. 성경이 계시를 담고 있으며 영감을 불러일으키는 책이고, 말씀의 강생이라는 사실 역시 성경 일체성의 원리에 입각할 때만 이해된다. 성경의 영적이고 교회적인 해석을 위해 '귀 기울여 들음'(경청)이 무엇보다 중요하다는 사실을 전제로 하고, 이제 우리가 귀 기울여 들어야 할 성경이 현재 우리가 지닌 정경으로서의 본문이라는 사실에 대해 구체적으로 살펴보아야겠다.

정경

정경의 형성 과정에 대한 역사적 문제는 차치하고, 유다교와 그리스도교를 막론하고 한 책이 정경으로 고정되는 이치의 본질은 이것이다. 즉, 어떤 책이 유다교와 그리스도교의 공동 전례에서 낭독된다면 바로 이것이 정경으로 비준되는 가장 중요한 근거가 되었다. 그러니까 정경성은 전통의 어떤 사실과 관련되는 것이고, 본질상 교회적이고도 전례적인 측면이 있다는 점을 알 수 있다.[1] 백성과 하느님 사이에 대화의 통로가 되어 주는 책들이 정경이 되었으니, 그런 책이 하느님의 말씀을 담고 있으며 또 백성으로 하여금 계약을 지키고 하느님의 현존 아래 살 수 있도록 해 주는 책으로 드러났던 것이다. 그러니까 정경은 공동체와 성경이 서로에게 소속되는 관계를 만들어 주었다. 느헤미야 8장을 보면 토라가 '정경'이 된 순간은, 이미 권위를 인정받아 전해지던 법률적 성격의 본문들과 설화가 담긴 본문들이 전례적으로 선포되고, 모여든 온 백성이 울면서 말씀을 알아들었을 때였음을(느헤 8,9 참조) 알 수 있다. 여기서 정경성은 "'성경'과 성경의 '낭독'이 정확히 구분되면서 이어지는 지점임을 알 수 있다. 정경이라는 용광로 안에서 성경은 '미크라'(낭독)라는 목표 지점에 도달하여 말하자면 '축성'되는 것이다".[2]

---

1 L. Bouyer, *Gnôsis*, 19-21; É. Junod "Choix des écritures chrétiennes et clôture du canon", in *Lumière et Vie* 171 (1985) 5-17. "정경의 형성은 말씀 선포의 전례적 사건이다. … 성경은 애초부터 경신례를 위한 책이었다"(H. Gese, *Sulla teologia biblica*, 33).

앞서 언급한 바 있는 안마리 펠티에는, 아가雅歌를 읽고 이용해 온 전통에서부터 아가 연구를 시작한다. 알다시피 아가의 정경성에 대해서는 대단한 논란이 있었다. 사실 아가를 읽어 온 전통은, 아가에 대한 '해설'보다 이중창으로 이루어진 그 대화에 독자 – 청자가 끼어들 수 있다는 데 중점을 두었다. 이를 토대로 펠티에는 바로 이 대화 형식이야말로 아가가 계시의 본문이 되고 정경에 삽입된 요인이라는 가설을 제시한다. 말하자면 아가는 성경의 심장부에서 성경 전체를 꿰뚫어 흐르는 사랑의 대화를 드러내고 있다. 성경이 독자들에게 불러일으키고자 하는 그 사랑의 대화를 제 안에서 드러내 보여 주고 있는 것이다. 아가는 이렇게 하여 성경 전체의 '내적 복사판'이 된다. 짧은 분량으로 성경 전체를 반영하고 있는 책이라는 말이다. 아가가 정경으로 편입되지 않으면 안 되도록 이끈 이 '영적 필연성'[3]은 독자로 하여금 '나 – 너'의 대화로, 사랑의 계약으로, 그 계약의 은총으로 들어오도록 요구하고 있다. 바로 이런 요구에 아가와 성경은 끊임없이 응답하고 있는 것이다. 그뿐 아니라 "정경의 권위는 공동체가 정경과 나누고 있는 살아

---

　2 J.-P. Sonnet, "Figures (anciennes et nouvelles) du lecteur. Du Cantique des Cantiques au Livre entier", in *Nouvelle Revue Théologique* 113 (1991) 85.

　3 A.-M. Pelletier, *Lectures du Cantique des Cantiques*. De l'énigme du sens aux figures du lecteur (coll. Analecta Biblica 121) (Roma: Ed. Pont. Istituto Biblico 1989) 420.

있는 대화에 근거한다".[4] 이렇게 하여 정경으로 고정된 '여러 책들'은 유일한 '단 하나의 책'으로 통합되는 것이니, 이 책의 유일성은 하느님을 믿는 백성의 통시적이자 공시적인 일치를 증언하며, 나아가 그 책의 '저자이신 하느님'(「계시 헌장」 11)의 유일성도 증언한다.

편집 과정

성경 전체의 정경적 일체성과 함께 기억해야 할 것은, 성경을 읽으며 말씀에 귀를 기울일 때의 그 본문은 편집 단계의 최종본이라는 사실이다. 본문 편집의 최종 단계든 정경이든 모두 '해석학적 가치'를 지닌다. 바로 이들을 통해 하느님의 말씀과 그 메시지가 우리에게 전달되는 것이다. 한 본문이 거친 편집의 과정들과 상이한 전승들에 관한 연구는 계시의 여정을 보여 주고 역사 안에서 성령의 활동을 보여 준다. 그러나 하느님께서 오늘 우리에게 말씀하시는 그 본문은, 학자들이 원래대로 복구했다고 추정하는 본문('재구성된 원래 본문')들이 아니고 결국 최종 편집 단계에서 결정된 바로 그 본문이다. 오경의 형성에 관해, 이른바 '신비평'新批評은 원래 오경을 구성하던 원천이나 가설이라고 제시되던 문

---

4 J.A. Sanders, *Identité de la Bible. Torah et canon* (Paris: Cerf 1975) 151.

헌들보다도, 최종 편집된 본문에 주안점을 두었다. 구약성경을 형성했던 본문 작성 작업은 기원이나 동일한 사건에 대한 신학적 전망에 있어서 상이한 해석들이 있었음을 보여 준다(예컨대 이집트 탈출 사건). 그래서 한 사건에 대해 서로 신학적으로 거리가 있는 이야기들을 한데 모은다든지(예컨대 창세기 첫 두 장에 나오는 두 개의 창조 이야기), 동일한 주제에 대해 서로 다른 방향으로 나아가는 규정들을 보존하면서 보도한다든지[5](시편의 경우), 최근에 신학적으로 정리한 바들을 한 권의 책에 통합시킨다든지 하는 경우가 생겼던 것이다. (예컨대 시편 49장 같은 곳은 하느님과 맺는 친교 안에서 사람이 누리는 영원한 생명에 대한 믿음과, 죽음이 인간 삶의 마지막 지평으로 영생 같은 것은 없다는 생각을 한데 모아 주고 있다.) 이런 편집 작업은 이질적인 것들이 한데 모여 이룬 성경의 일체성에 대해 진지하게 생각해 보도록 이끌어 준다. 예컨대 오경의 경우, 우리는 그 안에 공존하는 다양한 법령집과, 또 그만큼이나 다양한 신학들에서 오경의 일체성을 재발견하게 된다.[6] 그런가 하면 기원전 8세기에 받았던 이사야의 신탁을 다시 읽고 현실에 적용한 산물인 제2이사야와 제3이사야가 포함된 이사야서 역시, 편집의 결

---

5 성경 문학을 특징짓는 규정들로, 오래된 본문이 후대의 것보다 더 가치 있다는 '고대성의 법칙'이 있고, 가치 있는 것은 보존되어야 한다는 '보존의 법칙' 등이 있다. J.L. Ska, *Introduzione alla letteratura del Pentateuco. Chiavi per l'interpretazione dei primi cinque libri della Bibbia* (Roma: Dehoniane 1998) 187-193 참조.

6 같은 책, 213-217 참조.

과 지금의 일체성을 갖추게 된 것이란 사실을 인식하게 된다. 한마디로 정리하자면, "하느님께서 옛날 예루살렘 사람들에게는 '예언자'들을 통해 말씀하셨다면, 오늘날 우리에게는 '책'을 통해 말씀하신다."[7]

성경이 성경을 해설한다

성경이 스스로의 해설자란 원칙은 성경 일체성의 원칙을 바탕으로 해서만 가동되는 것이다. 물론 이 말은, 성경 속 여러 본문과 법률이 주변 나라들의 문학과 문화를 차용했다는 사실(예컨대 구약의 왕정 같은 경우)을 부인하는 것도 아니고, 따라서 성경을 적절히 설명하기 위해서는 성경 바깥 세계에 관한 연구가 꼭 필요하다는 사실을 부인하는 것도 아니다. 다만 다른 곳에서 차용한 대목이라 하더라도 신구약 성경 자체의 맥락이 거기에 근본적으로 새로운 뜻과 방향을 부여한다는 말이다.

사실 잠언(22,17-23,12)과 이집트 고서古書『아메네모페의 가르침』[8] 사이의 관계나, 필리피서 4장 8절의 권고가 당대의 고유한 윤리적 이상이었다는 점은 널리 알려져 있다. 그러나 이집트 지혜문

---

7 F.-P. Dreyfus, "Exégèse en Sorbonne, exégèse en Église", 353.

8 *I Proverbi*, a cura di L. Alonso Schökel e J. Vilchez Lindez (Roma: Borla 1988) 499 이하 참조.

학의 가르침은 성경 본문 속에서 야훼께 대한 신앙으로 분명히 방향을 잡게 되었으며(잠언 22,19 참조), 윤리적 가르침은 '고엘'이신 야훼의 활동에 관한 계시의 빛으로 정화되고 있다(잠언 22,22-23 참조). 필리피서에서도 사정은 비슷하다. 바오로는 당대 스토아 철학 특유의 몇 가지 덕행에 신앙인들이 자기 느낌과 생각을 집중하도록 권고하고 있지만, "주님 안에 굳건히"(필리 4,1) 서 있으라는 권고에 이야기 전체가 종속되어 있다. 그리고 그리스도께서 지니셨던 느낌과 생각을(필리 2,5 참조) 품으라고 요구한다. 게다가 자기에게서 전해 받고 듣고 본 것을 그대로 실행하라는 말을 덧붙이고 있다(필리 4,9 참조). 코린토 신자들에게 보낸 첫째 서간에서 바오로는 인간의 지혜가 복음의 지혜와 필연적으로 충돌한다는 점을 보여 주고 있다. 여기서 복음의 지혜란 그 핵심에서 "십자가의 말씀"(1코린 1,18)과 다름이 없다. 그러니까 이 지혜는 세상의 지혜가 가장 소화하기 어려운 것일 수밖에 없고, 결국 세상에 근본적으로 이의를 제기하는 것일 수밖에 없다.

"성경 자체가 성경에 대한 해설자"란 말은 결국 성경 안에 어떤 근본 원리가 있다는 말이다. 이스라엘을 종살이에서 해방시키심으로써 역사 안에 위격적인 하느님으로 드러나셔서("나는 야훼, 너의 하느님이다"), 당신과 계약 관계를 맺게 해 주시는 한 분이신 야훼 하느님께 대한 신앙이 바로 그 근본원리다. 바로 이 원리가 다양하고도 상이한 본문들에 심원한 일치를 부여해 주며, 다른 문화권에서 가져온 내용에 새로운 방향을 잡아 주는 것이다. 신약성경의 경우도 마찬가지다. 아브라함의 하느님, 이사악의 하느님, 야곱의 하느님이신 분의 결정적 계시요, 새롭고 더 나은 계약의 중개자이신(히브 7,22; 8,6; 9,15 등) 예수 그리스도께 대한 신앙이 바로 모든 것을 하나로 엮어 주는 해석학적 원리가 되는 것이다. 성경 본문을 생산하게 했으며 그 본문에 생기를 불어넣어 준 이 신앙 덕분에 그 본문들은 윤리적 훈계의 글이 아니라 계시의 본문이 되며, 그 본문들을 읽는 것은 한 분이신 하느님을 만나고 체험하는 자리가 된다.

예형론

성경 안에서 이미 발견되는 '다시 – 읽기'는 성경이 스스로를 어떻게 읽는지를 보여 주는 여러 가지 예를 보여 준다. 예컨대 이집트 탈출 이야기는 다양한 재해석을 통해 성경 전반에 걸쳐 등장하고 있고, 이 외에도 옛 사건 이야기를 당대 현실에 적용하고 재해석한 여러 본보기가 있다. 경신례 모델(탈출 12,1-13,16 등)을 비롯하여 '이야기 – 신학'의 모델, 그리고 예언적 – 예형론적 모델(아모스, 호세아, 예레미야, 제2이사야 등), 미드라쉬 모델(지혜 10,15-12,27; 16,1-19,22) 등이 그것이다.[9]

'예형론'(typologia)은 신약성경 저자들이 사용한 것으로 신약과 구약 성경 간의 관계에 있어서도 큰 역할을 한다. 이것은 성경의 영적 이해에 중요한 것이긴 하지만 오늘날 많은 비판을 받는 것으로서, 주의 깊게 식별해야 한다. 우선, 오리게네스가 생각했듯이, 구약성경의 한 상황과 신약성경의 한 상황 사이의 예형론적인 상호 관계는 구약의 역사적 가치를 없애 버리는 것이 아니라 오히려 그 역사성을 기초로 삼는다는 사실을 기억해야 한다. 갈라티아서 4장 21절부터 24절까지 주해하면서 오리게네스는 이렇게 쓰고 있다. "그러니까 무슨 말입니까? 이사악이 육에 따라 태어나지 않았다는 말입니까? 사라가 그를 낳았는데도? 할례를 받았는데도? … 사도 바오로의 놀라운 이해력이 발휘되는 지점이 바로 이 대목입니다. 그는 육에 따라 이루어졌음을 의심할 수 없는 일들이 지닌 우의적 의미에 대해 이야기하고 있는 것입니다."[10] 그는 또 이렇게 말하기도 한다. "사도가 '아브라함에게 두 아들이 있었는데 …' 하고 말하는 구절에서도 이 사실(두 아들이 있었다는 사실)을 글자 그대로 알아들어야 한다는 점을 의심하는 이가 뉘 있겠습니까. … 그러나 사도는 '여기에 우의적인 뜻이 있습니다' 하는 말을 덧붙이고 있는 것입니다."[11]▸

9 S. Virgulin, "L'attualizzazione dell'esodo nell'Antico Testamento", in Aa. Vv., *Attualizzazione della Parola di Dio nelle nostre comunità* (Bologna: EDB 1983) 47-81 참조.

10 오리게네스『창세기 강해』7,2(*Homélies sur la Genèse*, a cura di L. Doutreleau, SC 7 bis [Paris: Cerf 1985] 198).

나아가 예형론은 '예형' 사건이 지닌 항구한 예언적 가치를 확인해 준다. 구약의 이스라엘 백성이 여러 세기를 두고 이집트 탈출 사건에 대해 보여 준 다양하고도 늘 새로운 재해석이 이를 잘 보여 준다. 신약과 구약성경 사이의 관계라는 주제와 관련해서도 오리게네스가 보여 준 모범의 연장선에서, 신약 – 구약이라는 두 축을 중심으로 한 예형론이 아니라 세 단계의 예형론을 발전시킬 필요가 있다. (오리게네스는 성경의 사건이나 인물에서 '그림자 – 모상 – 진리'라는 세 단계로 해석을 진행한 바 있다.) 그러니까 예형적이거나 혹은 반反예형적인 상황은, 히브리인이나 그리스도인을 막론하고 장차 실현될 종말의 충만함을 향해서 열려 있어야 한다는 것이다. 그리스도인들이 믿는 그리스도 안에서의 충만한 완성은 종말적 충만함의 '아직 – 아니'에 '이미' 열려 있는 것이지, 이스라엘의 종말 대망을 헛되이 만드는 것도 아니고 히브리성경의 역사성이나 예언적 힘을 없애 버리는 것도 아니다. 종말을 향한 이런 개방으로, 예형론은 종말의 충만함에 이를 때까지 하느님께서 역사 안에서 이루시는 계시적 활동의 연속성을 보여 줄 수 있게 된다. 이런 방식으로 예형론의 가치가 드러나는 것이다.

◀11 오리게네스『민수기 강해』XI,1,10(*Homélies sur les Nombres* II, a cura di L. Doutreleau, SC 442 [Paris: Cerf 1999] 20–22).

성경의 그리스도론적 일체성

성경 자체에서 우리는 다양한 것들을 하나로 만들어 주는 해석 원리, 절대적으로 중추적인 해석 원리를 얻게 되는데, 바로 파스카 신비이다.[12] 구약성경의 파스카 사건은 신약성경에서 성취된 파스카 사건의 예표로 드러나고, 성경은 바로 이 파스카 사건이라는 핵심 원리의 빛으로 비추어 읽을 수 있다. 그리하여 성경은 "세상 창조 이래 … 살해된 어린 양"(묵시 13,8)에서 비롯하여 "살해된 것처럼 보이면서 서 계신 어린 양"(참조: 묵시 5,6; 14,1)의 종말론적 내림來臨에 관한 환시에 이르기까지 펼쳐지는 유일한 신학적 신비를 이야기로 종합한 것으로 드러난다.

이 말은, 성경 전체의 중심은 그리스도라는 사실을 뜻하는 것이기도 하다. 사실 성경의 일체성은 그리스도 안에서 이루어지는 일체성이다. 교회 전통은 이 점에서 한목소리를 내고 있다. 그리스도께서는 "예언자들의 주님",[13] 그러니까 예언들을 성취한 분인 동시에 "모든 예언이 둘러싸고 있는 분, 모든 예언의 목적이 되시는 분"[14▸]이시고, "부활하시고 승천하심으로써 성경을 열어 주신

---

12 F.-P. Dreyfus, "L'actualisation à l'intérieur de la Bible", 177-186 참조.

13 아우구스티누스 『요한 복음 주해』 24,7(*Commento all'epistola ai parti di san Giovanni*, a cura di E. Gandolfo e V. Tarulli [Roma: Città Nuova 1968] 567); 같은 책, 43,16, 73도 참조.

분"[15]이시며, 말씀이신 동시에 말씀에 대한 해설이신 분이다. 이분만이 성경을 풀이하실 수 있으니 그것은 "성경의 말씀들을 지으셨을 뿐 아니라 당신 자신이 그 뜻을 밝혀 주시기"[16] 때문이다.

모세가 기록한 것도 바로 이분에 대해서이며(요한 5,46 참조), 모세의 율법과 예언서와 시편(루카 24,44 참조)도 이분에 대해 이야기한다. 이분은 성경을 알아듣도록 마음을 열어 주시며(루카 24,45 참조), 성경을 풀이하면서 당신 자신도 열어 보여 주신다. 루카 복음서의 마지막 장은 엠마오로 가던 두 제자의 이야기를 성전에서 다시 찾은 소년 예수 이야기와 연결시켜 소개하는데, 부모가 "사흘 뒤"(루카 2,46) 다시 찾아냈을 때 그는 율법 교사들과 토론하면서 성경을 풀이하고 있었다. 엠마오로 가던 두 제자 역시 예수께서 돌아가신 지 사흘째 되던 날(24,21 참조) 살아 계신 그분을 만났는데, 예수께서는 이들에게 성경을 풀이해 주셨다(24,27 참조). 그러니까 부활하신 그리스도는 성경의 풀이에서 만나 뵙게 된다. 그리고 성경은 그리스도께서 그 해석의 중심점으로 드러날 때 비로소 알아

◂14 푸아티에의 힐라리우스『시편 주해』54,2(*Commento ai Salmi*, a cura di A. Orazzo [Roma: Città Nuova 2005] vol. II, 251.

15 클레르보의 베르나르두스『파스카에 관한 설교 제57편』2(*Sermone 57. Sulla Pasqua*, a cura di D. Pezzini, Scriptorium claravallense. [Milano: Fondazione di studi cistercensi 2000] 393.

16 대 그레고리우스『에제키엘서 강해』I,7,17(*Omelie su Ezechiele*, a cura di V. Recchia ed E. Gandolfo [Roma: Città Nuova 1992] vol. I, 225).

듣게 된다. 바로 여기서 비非신앙에서(루카 24,41 참조) 하느님께 대한 신앙과 찬양으로(루카 24,53 참조) 건너갈 수 있게 되는 것이다. 신앙의 해석은 결국 기도에 가닿게 된다. 이 지점에서 해석과 신학, 성경의 이해력과 기도가 신앙의 신비 안에서 하나로 드러나는 것이다. 안티오키아의 이그나티우스는 구약성경과 신약성경을 분리시키는 사람들에게, 그리스도께서는 성경 전체를 하나로 만드시는 분이라고 말한다. 그분이야말로 성경 전체가 하나로 통합된 결정적 내용이 되는 분이라고 소개하면서, 이그나티우스는 이렇게 말한다. "내 문서고文書庫는 예수 그리스도이십니다. 그분의 십자가와 죽음 그리고 부활이야말로, 그분을 통해 우리에게 온 신앙이야말로 결코 변할 수 없는 문서고입니다."[17]

'사도들의 복음 선포'는, 그리스도 사건과 옛(구약) 성경의 관계를 단순히 계승의 관계가 아니라 서로가 서로를 비추는 관계로 정립한다. 그리스도인에게 파스카 사건은 (구약)성경의 빛으로 해석된 사건이지만, 동시에 (구약)성경을 해석하게 해 주는 사건이기도 하다. 그리하여 파스카 사건은, "이 사건을 미리 선포해 준 성경을 이해할 수 있게 해 주는 해석학적 열쇠다. 그러나 성경의 비추임이 없이는, 파스카 체험은 끝내 수수께끼로 남고 만다".[18] 그러므로 그리스도인의 성경 독서는 신·구약성경이 서로 보충하

며 의존하는 관계에 있다는 사실을 중시한다. 신·구약성경의 쐐기돌은 그리스도이시다. "두 계약(신·구약)에 (모두) 그리스도께서 계시니, 그리스도 몸소 그 둘에 부합符合(consensus)하기 때문이다."[19] 그래서 교부들은 두 계약 사이의 본원적 관계에 대해 많은 이야기를 남겼다. "구약성경은 신약성경 안에 계시되었고, 신약성경은 구약성경 안에 너울을 쓴 채 숨어 있다."[20] 사실 유다인들의 구약성경 독서에 아직도 드리워져 있는 그 너울은 그리스도 안에서만 걷힌다(2코린 3,14 참조).

그리스도야말로 성경을 "완성하는" 분이시다(요한 19,28 참조). 율법과 예언서와 시편에서 그분께 대해 기록한 모든 것의 '성취'라는 말은(루카 24,44 참조) 글자 그대로의 실현을 뜻하는 것이 아니다. 성경 안에 계시된 하느님 뜻의 식별과 완성을 뜻한다. 루카 24장에서 세 번에 걸쳐 나오는 "~해야 한다"(dei)는 표현(7절, 26절, 44절)이 바로 이것을 말해 주고 있다. 이 표현은 하느님께서 이루시는 필연에 대한 언급이며, 복음서 본문에서는 '거룩한 모든 일'을 영광스럽게 성취하신[21] 예수님의 수난 - 죽음 - 부활과 관련이 있다(루카 18,31-33 참조). 그리스도 안에서 성경의 성취는 계시 사건이다. 이 사건은 계시의 연장선상에 있을 뿐만 아니라 이전에 이미 계시된 바를 정돈해 준다. 다시 말해 이것은 한쪽 방향으로만 나

---

19 오리게네스 『마태오 복음 주해』 14,4.

20 아우구스티누스 『시편 상해』 CV,36, 856-859.

아가는 운동이 아니라, '교환'이 가능한 쌍방향 운동이다. 다시 말해 그리스도에게서 성경이 성취되면서 성경은 객관적으로 새로운 뜻을 얻게 되지만, 동시에 그 성취는 성경과 언제나 본질적으로 엮여 있다는 것이다.[22] 구약성경은 부활하신 그리스도를 알고 만나기 위해 본질적이고도 필수적이며, 그리스도 안에서 성취된 구약성경은 신약성경의 증언과 교회의 삶에 본질적 요소다. 루카 복음서(24,46-48)에서는, 회개와 죄의 용서를 선포하는 교회의 사명 자체가 파스카 사건의 연장선상에서 성경을 성취하는 것으로 나온다.

'종합 – 찬송'의 기준

종합 – 찬송의 기준[23] 은 성경의 모든 증언을 새 계약의 파스카 사건을 중심으로, 즉 존재 전체가 하느님에 대한 '이야기'였던 아드님의 삶을 중심으로 통합한다. 그리고 그리스도를 더 가까이 알게

---

21 원문 'dossologico compimento'를 풀어서 옮겼다. 'dossologia'는 보통 '영광송'을 뜻하며, 본디 초세기 전례에서 기도의 끝에 바치곤 하던 짧은 찬송을 의미하는 말이다. 그러니까 예수님께서는 당신의 수난과 죽음과 부활로 하느님께 온몸으로 찬송을 드리면서 구약성경 전체를 영광스럽게 성취하고 있다는 취지의 표현이겠다 – 역자 주.

22 파스카 신비와 구약성경의 관계에 관한 설명인데, 전자는 후자를 완성하지만 동시에 후자는 전자의 모태가 된다. 그래서 이 관계는 서로가 서로를 비추는 '쌍방향'의 상호 관계일 수밖에 없다 – 역자 주.

해 주는 특정 본문들에 특별하고도 탁월한 중요성을 부여한다. 그
렇다고 하여 이런저런 본문들을 더 선호하면서 성경 안에서 또 다
른 성경을 만들려는 유혹에 길을 터 주려는 것이 아니다. 오히려
이 기준은 오리게네스와 함께 "복음서는 모든 성경의 맏이이다"[24]
라고 말하는 것이며, 「계시 헌장」과 함께 "모든 성경 가운데, 또 신
약성경 가운데서도 복음서가 가장 뛰어나다는 것은 아무도 부인
할 수 없다. 왜냐하면 복음서는 우리의 구원자, 사람이 되신 말씀
의 삶과 가르침에 관한 으뜸가는 증언이기 때문이다"(18항)라고
되새기는 것일 따름이다.

거듭 말하지만 이것은, 설혹 네 복음서 중 하나라 하더라도 성
경 본문이나 성경 증언(예컨대 바오로의 '복음') 하나를 복음의 정수인
양 택해서 정경 전체를 검열하는 기준으로 삼는다는 이야기가 아
니다. 이는 주님이신 예수께 대한 '지식'이야말로 무엇보다 중요
하다는 사실을 기억해야 한다는 말이다. 성경 독서는 바로 이 지
식을 위해 있는 것이며, 이런 지식은 네 복음서와 그들이 각각의

◂23 criterio sintetico-dossologico를 '종합-찬송의 기준'으로 옮겼다. 바로 이 기
준에 입각해서 구약성경 본문 중에서 그리스도께 더 적확하게 적용할 수 있는 대목
들에 큰 중요성을 부여한다. 앞의 역주에서 설명했듯이, 예수님께서 수난과 죽음과
부활로 하느님께 찬송을 드리면서 구약성경 전체를 영광스럽게 성취하거나 종합한
다면, 구약성경에서 그리스도와 특별히 관련되어 있다고 볼 수 있는 대목들이 다른
여느 대목들보다 더 중요시되는 것은 당연하다 – 역자 주.

24 오리게네스 『요한 복음 주해』 I,4,23(*Commentaire sur S. Jean* I, SC 120
[Paris: Cerf 1966] 70).

형태로 제시하는 증언에서 얻게 되는 것이다. 믿음의 독자가 성경 전체에서 추구하는 것이 바로 이 지식이 아니고 무엇이겠는가.

이 모든 것으로 분명해지는 것은, 성경 독서는 성경에 온전히 귀 기울이는 일이 되어야 한다는 것이고(묵시 22,18-19; 신명 4,2 등 참조), 그리스도의 얼굴을 찾으면서 구약성경과 신약성경 사이의 일치(consensus)를 추구해야 한다는 사실이다. 성경 전체의 그리스도론적 일체성의 빛으로만 이른바 '저주 시편'들을 전체와 떨어져 고립된 걸림돌로 생각하지 않을 수 있다. 그래야만 성경의 그런 부분도 원래 그리스도의 몸이요 그리스도의 예언인 단일한 성경의 구조물 내부에 온전히 통합되어 건축에 나름 요긴하게 쓰이는 돌이 될 수 있다. 게다가 이런 시편 역시, "나에 관해서 모세의 율법과 예언자들의 책과 시편들에 기록된 모든 것은 이루어져야만 합니다"(루카 24,44)라는 말씀 속에 담긴 해석 원칙에 종속되어 있다. 따라서 성경 전체의 맥락에서 읽으면서, 이런 구절들이 예수 그리스도의 수난-죽음에 대한 예언이나 예형이라고 말해 주는 파스카 사건의 관점에서 읽어야 한다. 요컨대 시편 저자가 원수와 악인에게 내뱉는 저주가 십자가의 수난과 죽음의 상황에서 고난받는 종 예수 그리스도께 들이닥쳤다는 것이며, 하느님께서 몸소 그분 안에서 그 저주들을 받아안으셨다는 것을 이해해야 하는 것이다. 이사야서 53장과 복음서 수난 이야기에 비추어 그런 시편들을 읽게 되면, 이 시편들은 예수님의 수난에 대한 예고로 드러난다. 결국 이런 시편들은 그분의 죽음이 지닌 근본적인 지점 하나를 이해하는 본질적인 요소가 되는데, 그것은 다름 아닌 '망신'(부끄러움당하기)이다. 다시 말해 저주받은 자요 악인 중 하나로 헤아려진 자로서 겪는 죽음이다. 나아가, 우리는 그런 시편들을 자기에게 적용시키면서 읽을 수도 있다. 다시 말해 자기 속에 있는 악, 자기 안에서 활동하고 있는 그 악에 적용시키면서 읽을 수 있다. 이때 우리는, 우리 죄를 위해 돌아가신 그리스도의 피를 통해 우리가 성령으로 새 계약에 접목되었음을 알아듣게 된다. 그러니까 이렇게 '걸림돌'이 되는 본문들도 십자가의 걸림돌에 흡수되어, 아직 우리가 죄인이었을 때에, 그리고 죄인인 지금에도(로마 5,6-11 참조), 우리를 향해 부어지고 있는 하느님의 사랑을 알아듣는 데 일조하게 된다. 비싼 값을 치르고 우리에게 쏟아진 당신 자비를 체험하는 자리가 되는 것이다.

탈출기 2장 11-22절은 모세가 이집트인을 살해한 후 파라오에게서 도망쳐 미디안으로 간다는 이야기로서, 이른바 '모세의 수난기'의 시작이다. 사도행전 7장 23-29절, 35절은 이 이야기를 다시 읽으면서 모세가 받은 화해의 직무(사도 7,26)가 히브리 동족들에게서 거부당한다는 측면(탈출 2,13-14 참조)을 강조하고 있다. 스테파노의 이야기 속에서 탈출기 본문은 하느님의 초대를 백성이 거역하고 거부하는 예가 되고, 이 거부는 '의인'이신 분을 살해하는 데서(사도 7,52 참조) 절정에 달하게 될 것이다. 이렇게 해서 모세의 수난은 그리스도의 수난을 미리 보여 주고 있는 이야기가 된다.

히브리서 11장 24-28절은 탈출기 2장 11-22절을 모세의 선택에 기준을 두고 자유로이 해석해서, 그가 "파라오 딸의 아들이라고 불리면서 일시적으로 죄의 향락을 누리기를" 거부했다고 말한다(히브 11,24-25 참조). 이에 그치지 않고 나아가 더욱 직접적으로 그리스도론적 해석을 전개하면서 이렇게 말하고 있다. "그는 그리스도의 치욕을 이집트의 보물보다 더 큰 재산으로 간주하였습니다. 그는 보상을 내다보았기 때문입니다"(히브 11,26). 모세는 이렇게 해서 그리스도가 겪는 모욕에 직접 참여하는 수난의 상황에 놓인다. 마치 그리스도 이후에 성인들이 그분의 수난에 직접 참여하는 것과 같다(히브 10,33; 13,13). 모세는 이후 "보이지 않는 분을 마치 보는 것처럼"(히브 11,27) 굳건한 마음으로 이집트를 떠났다. 그리스도께서 이미 구약성경 안에 신비롭게 현존하고 계신다는 말이다(1코린 10,4 참조).

앞에서 인용한 두 신약성경 본문 모두, 방식은 다르지만, 탈출기의 본문에서 그리스도의 얼굴이 드러나게 하고 있으며 같은 본문에서 십자가의 예언을 보고 있다. 폰투스의 에바그리우스는 훗날 이렇게 말한다. "구약성경은 십자가에 달린 그리스도를 선포한다."[25]

---

25 오리게네스『시편 제68편 주해』PG 12,1516C (에바그리우스가 썼다고 추정되는 본문).

하느님 백성의 공시적이고 통시적인 일치

마지막으로, 구약을 현실화하는 일은, 이스라엘 백성이 시공간적으로 스스로를 한 몸으로 이해한다는 사실에 토대를 둔다. 영원한 하느님 말씀은 바로 이 이스라엘과 전적으로 그리고 늘 관계되어 있다. 말씀은 이 백성의 집단적 차원과도, 그리고 이 백성을 구성하는 개개인의 차원과도 모두 관계된다. '집단적 인격' 관념은(H. W. Robinson), 하느님과 백성이 계약 안에서 서로 소속되어 있다는 사실을 배경으로 한다. 이 관념에 따르면, 하느님 말씀은 백성 전체를 상대로 '마치 한 사람'(느헤 8,1 참조)에게[26] 말씀하시듯 말씀하시고, 또 백성을 구성하는 개개인에게도 말씀하신다. 거룩한 독서의 교회적 가치를 이해하게 되는 것도 바로 이 맥락이다. 예언자들과 아드님을 통해 드러난 하느님의 유일한 말씀은 그리스도인들로 하여금 하느님 백성인 이스라엘이 그들의 조상임을 알아보도록 해 주고(1코린 10,6 참조), 두 백성이 비록 서로 나뉘어 있긴 하지만 단 하나의 종말론적 백성을 형성하도록 부르심을 받았다는 사실을 깨닫도록 해 준다. 그리고 예수님 이후의 수많은 백성 역시 통시적이고 공시적인 일치를 이루고 있다.

---

26 우리말 성경은 "일제히"로 옮기고 있으나 원문 직역은 "마치 한 사람처럼"이다 - 역자 주.

이 모든 이야기와 관련하여 성경의 영적 독서에서 유념해야 할 것이 있다. 유다의 성경 본문 독서 전통, 특히 타르굼에서 지혜롭게 도움을 받는 일은 신약성경을 더 잘 이해하기 위해서 필수적일 뿐 아니라, 타르굼 성경 해석 방식에 다가감으로써 우리가 영적으로 접목된 하느님의 거룩한 백성 이스라엘의 타자성을 더 잘 알 수 있게 해 주는 자리가 된다는 사실이다. 동시에, 고대의 성경 번역본들, 특히 칠십인역의 도움을 받는 일도 중요하다. 칠십인역은 첫 네 세기 동안 교회가 가장 많이 사용한 성경이었기 때문이다. 히에로니무스의 불가타역 또한 같은 이유로 중요하다. 이런 역본들의 도움을 받는 것은 전통의 효과적인 해석학을 실제적으로 적용하는 일이 된다. 아우구스티누스는, 동일한 대목을 여러 번역본으로 읽는 것이 '주의 깊은 독자들'에게 영적으로 유익하다고 말하면서 이사야서 7장 9절을 예로 든다. 이 구절을 불가타역에서는 히브리어 본문을 따라 그대로 "너희가 믿지 않으면 굳건히 머물지 못하리라"로 옮기고 있지만, 칠십인역은 "너희가 믿지 않으면 알아듣지 못하리라"[27]로 옮기고 있다. 여러 성경 번역본들을 참조하는 일은 다른 교회들에 대해 알도록 교회일치의 정신으로 마음을 열어 줄 수 있고 성경의 영적 이해라는 보석을 드러내 줄 수 있다. 예컨대 고대 시리아어역(페쉬타)의 경우 각 시편에 제목을 달

---

27 아우구스티누스『그리스도교 교양』II,12,17, 81 참조.

왔는데, 이 제목들은 영적 이해를 돕는 풍요로운 핵심어가 된다. 시편 1편에 붙은 제목("행복한 사람이여 …")은 마태오 복음의 진복팔단을 연상시키며, 시편 2편의 제목은 그리스도의 수난에 대한 예언과 만민이 받은 부르심이란 측면을 부각시킨다. 나아가 성경을 영적으로 이해한다는 것은, 여러 교회에서 성경이 전례적으로 어떻게 사용되고 오늘도 성경 본문이 여전히 살아 숨 쉬게 하는지, 그리고 그리스도교 공동체들과 맺는 대화의 감각을 어떻게 함양해 주고 있는지에 대해 이해하는 일이기도 하다.[28]

덧붙여 말하자면 전례, 특히 성찬 전례야말로 주님과 만나게 해주는 효력을 발휘하는 성경의 힘을 볼 수 있는 현장이다. 대 그레고리우스의 아름다운 본문은 공동체 생활, 특히 전례가 성경 해석에 주는 도움에 대해 이렇게 이야기하고 있다.

> 저 혼자서는 미처 알아듣지 못했던 성경의 많은 부분들을 제 형제들 앞에 있으면서 비로소 알아들었습니다. … 저는 누구 덕분에 그런 이해력을 얻게 되는지 깨닫고 있습니다.[29]

---

28 A. Rose의 시편에 관한 논문들은 성경이 교회 - 전통 - 전례와 어떻게 떨어질 수 없는 관계를 맺고 있는지 훌륭하게 보여 주고 있다. 특히 A. Rose, *Les Psaumes,* (Paris: Lethielleux 1981) 참조.

29 대 그레고리우스『에제키엘서 강해』II,2,1, 48-49.

성경과 공동체

방금 인용한 대 그레고리우스의 글은, 구체적인 공동체 생활이야말로 성경을 알아듣기 위한 또 다른 해석학적 기준이라는 사실을 상기시켜 주는 게 아닌가 싶다. '교회 안의 주석'이란 말은 무엇보다 먼저 공동체 생활, 교회 생활을 구체적으로 살아가는 것을 뜻한다. 친교로 꾸려 가는 이 진짜 삶이야말로 삶의 한가운데를 관통하게 해 주는 인간적이고 영적인 체험, 그런 감각과 식별의 근원이 된다. 사실 '본문'은 바로 이런 살아 있는 삶의 '증언'일 따름이다. 이리하여 공동생활은 말씀을 체험하는 삶이 된다.

> 우리 삶의 체험이 성경을 단지 알아듣게만 해 줄 뿐 아니라 성경이 전하는 꼭 같은 지식을 앞질러 미리 가질 수도 있도록 해 줄 때, 다시 말해 말의 뜻이 어떤 설명으로가 아니라 우리가 이미 한 생생한 체험으로 밝혀지는 그런 순간, 성경은 우리에게 더 명확히 스스로를 드러내며 그 심장 혹은 골수를 열어 보여 준다.[30]

---

30 요한 카시아누스 『담화집』 10,11(*Conférences* II, a cura di E. Pichery, SC 54, [Paris: Cerf 1958] 92).

폴 리쾨르는 "해석의 공동체적 차원"을 상기시켜 준 바 있는데, 그의 확신에 따르면 "주석 작업이 개인적인 일이 되어 버리고 마는 위험에서 벗어날 수 있는 길은 언제나 해석 공동체의 지평이다".[31]

이런 방식으로 성경을 "제멋대로 해석"(2베드 1,20)하는 위험에서 벗어나게 되는 것이니, 성경 해석에서 전례 생활과 구체적인 일상에서의 그리스도인 생활은 서로 보완하는 두 가지 '해석의 자리'가 된다. 그뿐 아니라 성경의 본질적인 교회성은, 교회의 '모든 신자'가(「계시 헌장」25) 제각각 영적 해석의 '주체'가 되라고 요청한다.[32] 그러니까 성경은 해석의 열쇠를 저 혼자 지니고 있노라 배타적으로 내세우는 학자들의 전유물이 결코 아니라는 것이다. 성경을 열심히 읽는 일, 매일 성경 말씀에 잠기는 일은 모든 그리스도인이 자기가 받은 세례를 갱신하고 그리스도인으로서의 소명을 굳건히 하는 계기가 된다.

성경과 순교

성령의 감도로 기록된 성경은, 독자가 신앙에 순종하여 자기 안에

---

31 P. Ricoeur, "Esquisse de conclusion", in R. Barthes et al. *Exégèse et herméneutique* (Paris: Edition de Seuil 1971) 295.

32 "성경은 본성상 교회적이다. … 교회에 선사된 성경은 교회의 각 구성원에게 온전히 선사됨이 마땅했다"(Ch. Kannengiesser, "Come veniva letta la Bibbia nella chiesa antica: l'esegesi patristica e i suoi presupposti", in *Concilium* 1 (1991) 52-53.

서 말씀이 권능을 펴시고 성령께서 힘을 떨치시도록 허용해 드리기를 요구한다. 그리하여 성경의 영적 독서는 하느님 현존의 증언이 되고, 나아가 순교로써, 즉 사랑 때문에 자기 생명을 남에게 선사함으로써 그 본연의 완성에 이른다.[33]

라삐 아키바는 자신의 순교를 "셰마" 말씀("목숨을 다하여 하느님을 사랑하여라": 신명 6,5)이 요청하는 바의 당연한 성취로 삼았다. 고문하는 자가 자신의 살갗을 발라내는 동안 라삐 아키바는 "셰마"를 낭송했고, 고문을 막아 보려던 제자들에게 이렇게 말했다.

> 내 온 생애 동안, "목숨을 다하여 하느님을 사랑하여라"라는 바로 이 말씀이 이루어지도록 노심초사하며 살아왔습니다. 이 말씀은 결국 내가 목숨을 빼앗기는 그 순간에도 그분을 사랑해야 한다는 뜻일 터입니다. "내가 이 명을 어떻게 하면 이룰 수 있을까?" 하고 자문하며 살아왔고, 지금이 바로 그 순간인데 내 어찌 이 명을 성취하지 않을 수 있단 말입니까?[34]

삶을 밝혀 준 말씀은 죽음에 생명을 불어넣는 지점에까지 도달한

---

33 그리스어 *martýrion*(복수형 *martyría*)은 원래 '증언'을 뜻하는 말이었는데 초기 그리스도교가 이 말을 '순교'의 뜻으로 사용하면서 후에 '순교'란 뜻도 아울러 지니게 되었다 - 역자 주.

34 『바빌로니아 탈무드, 베라크호트』*bBerakhot* 61b.

다. 예수님께서는 마음을 다하고 목숨을 다하고 힘을 다하여 궁극에 이르도록 아버지를 사랑하고,[35] 이웃을 자신보다 더 사랑하면서 성경을 완성하는 장소로 십자가를 택하셨다. "다 이루어졌다"(요한 19,30; 참조: 19,28-29)는 말씀은 그래서 나온 것이다. 이렇게 예수님께서는 당신 안에서 성경의 영적 힘이 충만히 펼쳐지도록 허락해 주셨는데, 성경의 그 영적인 힘은 바로 부활의 힘이었다!

---

[35] B. Gerhardsson, "Du Judéo-christianisme à Jésus par le Shema", in *Recherches de Science Religieuse* 60 (1972) 23-36 참조.

5. 듣기

성경 독서가 풍요로운 결실을 맺기 위해서는 '귀 기울여 들음'(경청)이 필요하다. 그러므로 이 독서는 듣는 이 - 읽는 이에게 '듣는 마음'(1열왕 3,9)을 요구한다. 사실 하느님께서 말씀하시며 백성은 듣는다는 사실이야말로 성경의 토대다. 성경의 인간은 눈에 보이는 대로가 아니라 믿음의 빛으로 걸어가며, 그래서 그가 살아 계신 하느님과 만나게 되는 것은 오직 '들음'을 통해서다. 정녕 '들음'은 하느님 백성으로서의 이스라엘에게뿐 아니라(이 점은 특히 신명기와 예레미야서에서 잘 드러난다) 교회에도 본질적이다. 교회는 에클레시아¹라고 불리는데, 사람들을 향한 하느님의 결정적 말씀이신 분, 곧 부활하시어 살아 계신 그리스도를 중심으로 모여 형성된다. 들으라는 요구는 신·구약성경을 막론하고 이처럼 핵심적인

---

1 히브리어 *qahal*의 그리스어 번역인 *Ekklesia*는 어근으로부터 보자면 '소집되어 생긴 모임'이라는 뜻을 지니고 있다. 한편 그리스어 번역어인 *ekklesia* 역시 '~로부터, ~의 바깥으로'를 뜻하는 *ek*와 '부르다, 소집하다'를 뜻하는 *kaléo*의 조합으로 생긴 단어이니, 결국 '소집된 회중'이란 뜻이다. 결국 두 언어의 어원으로 보아 '교회'란 단어에는 '하느님의 말씀으로 소집되어 형성된 회중'이라는 뜻이 있다 - 역자 주.

데, 계약의 구조 자체가 이를 요청하기 때문이다.

이집트를 탈출하면서 모세는 시나이산으로 부름을 받았다. 그 때 하느님께서는 이스라엘 백성에게 이렇게 선포하라고 이르셨다. "너희는 내가 이집트인들에게 무엇을 하고 어떻게 너희를 독수리 날개에 태워 나에게 데려왔는지 보았다. 이제 너희가 내 말을 듣고 내 계약을 지키면, 너희는 모든 민족들 가운데에서 나의 소유가 될 것이다. 온 세상이 나의 것이다. 그리고 너희는 나에게 사제들의 나라가 되고 거룩한 민족이 될 것이다"(탈출 19,3-6).[2]

이집트 탈출의 해방 사건은 백성이 하느님과 친교를 맺고, 하느님과 백성이 서로에게 속하도록 하는 데에 목적이 있다. 이것이 바로 백성이 시나이에서 주어진 토라를 들을 때 벌어진 일이다. "내 말을 듣고 내가 너희에게 명령한 모든 일을 하여라. 그러면 너희는 나의 백성이 되고 나는 너희의 하느님이 될 것이다"(예레 11,4). 그런데 들으라는 이 요구는 신약에서도 아드님의 말씀을 들으라는 명령으로 그대로 유지된다. 하느님의 말씀을 들으라는 명은 이제 '아들'의 말씀을 들으란 명으로(마태 17,5; 마르 9,7; 루카 9,35) 변하는데, 아드님은 "문자가 아니라 영으로 된"(2코린 3,6 참조) 새로

---

2 이 본문이 강조하는 사실은 다음과 같다. "이스라엘 백성이 땅의 다른 민족들 앞에서 지니는 사제적 특성과 그 구원의 임무는 하느님 말씀을 듣는다는 데에 철두철미 의존하고 있다. 사람이 감지할 수 있는 하느님의 모든 사정은 말씀 안에 다 있거니와, 만일 듣지 않는다면 이스라엘은 다른 모든 민족들과 같을 따름이다"(E. Bianchi, "Leggere la Bibbia ascoltando la Parola", in *Servitium* II s. 11 [1977] 10).

운 계약의 중개자이시다. 그래서 하느님의 말씀을 듣고 지키는 이들은 행복하다고 선언하신(루카 11,28 참조) 예수님께서 당신 제자들을 향해서는 "많은 예언자와 의인들이 듣고자 갈망하였던 것을 듣고 있는 여러분의 귀는 행복합니다"(참조: 마태 13,16-17; 루카 10,23-24)라고 말씀하실 수 있었다. 나아가 묵시록의 저자는 이 행복 선언을 성경 독자들에게 적용하며 이렇게 말할 수 있었다. "복되어라, 이 예언의 말씀을 읽는 이와 듣는 사람들! 또한 그 안 기록되어 있는 것을 지키는 사람들!"(묵시 1,3).

성경의 본질적 구조 자체가 듣기를 요구한다. 바로 이 때문에 유다 전통과 그리스도교 교부 전통을 막론하고 성경은 큰 소리로 낭독되어야 하는 책이었다. 고대와 중세에는 사람들이 책을 눈으로 읽는 것이 아니라 "입술과 귀로 읽었다. 다시 말해 말로 발성하면서, 발음하는 그 말을 귀로 듣고 입으로 표현하면서, 그리하여 '책장의 목소리'(voces paginarum)를 알아들으면서 읽었던 것이다. 이런 방식으로 독서는 정녕 하나의 '오디션[3]'이 되는 것이니, 읽는

---

3 오늘날 배우나 음악가를 선발하기 위한 시험을 뜻하는 단어 '오디션'audition은 원래 '듣다'를 뜻하는 라틴어 동사 audire에서 유래했다. 고대와 중세 사람들에게 독서는 눈으로만 이루어지는 것이 아니라 무엇보다 '낭독'이었다. 낭독의 과정은 책장에 적힌 본문을 눈이 읽고, 그것을 입이 발성하고, 그 소리를 귀가 들음으로써 완결되는 행위였다. 독서의 이 모든 과정이 오늘날 '오디션'에 출연한 사람들이 몸의 여러 감각을 동원하여 연기 혹은 연주하는 것과 비슷하고, 그 모든 과정의 핵심이 '듣는 일'(auditio)이므로 본문에서 '오디션'이라는 단어를 사용한 것 같다 – 역자 주.

다는 것은 동시에 듣는다는 것을 뜻했다".[4] 이런 의미에서 성경 본
문을 지칭하는 적확한 이름은 스크립투라나 그라페가 아니며[5] 비
블리아Biblia(*tà biblía*, '책들')도 아닌, 히브리어 '미크라'(*miqra*)일 것이
다. 이 말은 '읽기'와 '소집'을 동시에 뜻하는 말로서 "성경을 독서
행위 속으로 통합시키는"[6] 말이다. 그뿐 아니라 이 말은 주로 모
든 이스라엘 사람을 토라의 말씀으로 교육하고 그 말씀을 실천하
기 위해 모인 전례 집회에서(신명 31,10-12 참조) 큰 소리로 낭독되고
선포된 것이라는 뜻에서 성경을 지칭한다. '미크라'는 '부르다, 읽
다'를 뜻하는 어근 '카라'(*qara*)와 출처를 지칭하는 접두어 *m*-이 합
성된 말인데, 즉 부르고 호출하는 자리를 뜻한다. 그러니까 성경
은 우리를 어딘가에서(*m*-) 나오도록 불러내고 호출하여 어딘가를
향해 가도록 하는 책이다. 성경을 읽는다 함은 만남을 위해 감행
하는 '빠져나오기'(탈출)다. 동시에 어떤 대화의 관계 안으로 '들어
가기'이기도 하다. 성경 본문은 바로 이 대화 관계 안에서 특유의
'힘'(*dýnamis*)으로 독자가 변화하도록, 다시 말해 주님과 맺는 관계
를 위해 '회개'하도록 요청하고 또 그런 일을 가능하게 해 준다.

---

4 J. Leclercq, *Cultura umanistica e desiderio di Dio. Studio sulla letteratura
monastica del medio evo* (Firenze: Sansoni 1965) 16-17; B. Calati, L. Leloir, A.
Louf ed al., *Pregare la Bibbia nella vita religiosa* (Bose: Qiqajon 1983) 참조.

5 '성경'을 뜻하는 라틴어 Scriptura나 그리스어 *graphé* 둘 다 '쓰인 것'이란 뜻이
다 - 역자 주.

6 H. Meschonnic, *Le Signe et le Poème. Essai* (Paris: Gallimard 1975) 536.

이처럼 말씀의 경청은 대화와 관계의 움직임이기에, 무엇보다 본문의 타자성을 수용하고 알아듣는 일을 전제로 한다. 달리 말해 본문이 쓰인 당대의 문화가 오늘과 다르고 서로 거리가 있다는 사실을 의식해야 한다. 나아가 문헌학과 언어학, 역사학과 고고학, 문학과 비교학 등의 학문적 도구도 활용하여 성경 본문에서 가능한 한 가장 객관적으로 하느님 말씀을 포착할 수 있어야 한다. 그럼에도 이 모든 것은 사실상 '도구'일 따름이기에, 늘 신앙이 함께 가야 한다. 하느님께서는 현재 형태의 바로 이 성경 본문 안에서 지금 내게 말씀하고 계신다는 사실에 대한 믿음이 필요하다는 말이다. 이런 자세로, 본문을 분석하는 학문적 도구 능력을 갖추지 못한 이라 하더라도 나름의 노력을 통해 성령의 도우심으로 정확한 해석에 도달할 수 있다. 성령께서는 그 사람 안에 머무시면서 그의 신앙 감각(sensus fidei)을 무결하게 이끌어 가 주시는 분이다. 뿐만 아니라 성령은 성경 본문에 대한 역사적 접근 역시 "성경 본문이 전해 주고 있는 역사 – 이야기에 독자 개인의 역사 – 이야기를[7] 연결시키라고 요구한다. 이렇게, 신약성경 본문에서 우리에게 말하고 있는 그 이야기에 마음을 활짝 여는 것이 바로 믿음이다".[8]

---

7 이탈리아어 storia는 역사와 이야기를 동시에 뜻하는 말이다 – 역자 주.

8 H. Schlier, *Riflessioni sul Nuovo Testamento* (Brescia: Paideia 1976²) 17.

믿음으로 듣기

결국, 성경 말씀을 듣는다는 말은 믿음으로 듣는다는 말이다. 성경에서 '듣는다'라는 말은 순종한다는 뜻이다. 믿음은 들음에서 비롯된다(로마 10,17)고 했다. 그래서 성경 자체가 '복종'(2테살 3,14)을 요구하는데, 복종이란 실행으로 이어지는 들음이다. 성경은 무엇보다 먼저 자기를 통해 말씀하시는 분께 "예"라고 응답하기를 요구하고 있다. 모세를 통한 시나이산의 계약이 "계약의 책을 기록하는 것"(탈출 24,4.7)으로 완성될 때, 이 책이 낭독되는 것을 들은 백성의 대답은 이러하였다. "주님께서 말씀하신 모든 것을 실행하고 따르겠습니다"(탈출 24,7). 정녕 실행에 옮김으로써만 말씀을 정말로 들은 것이고 정말로 이해한 것이다.

민음으로 듣는다는 말은 성경 말씀의 수신인인 독자 편에서 철두철미 그 말씀에 연루되어야 한다는 것을 뜻한다. 탈출기의 이 대목이 바로 그 점을 일러 주고 있다. 성경이 기록된 덕분에, 본문에 언급된 "이스라엘의 자손들"(탈출 19,1.3.6 등)은 또한 장차 같은 책을 읽을 독자들도 뜻하게 된다. 이들은 말씀을 듣고 복종하면서, 늘 새로운 하느님 말씀의 사건이 각자의 삶에서 다시금 벌어지도록 허락해 드리는 사람들이다. 그리하여 자기 주님과 계약을 맺게 되는 사람들이다.⁹ 결국 성경 독서는 계약을 맺고 그 삶을 실천하기 위한 예언적 매개인 셈이다. 여기서 중대한 문제는 성경을 설명하는 것이라기보다 그 안으로 '들어간다'는 사실이다. 그리고 "우리 자신을 성경에 내맡겨야 성경의 세계 안으로 비로소 들어갈 수 있다. 성경의 세계는 바로 그런 세계다".[10] 신앙의 언어란 원래 "의탁의 자세로 철저히 자기를 내맡기면서 그 말을 내뱉는 이의 삶과 스스로를 드러내시는 하느님 말씀이 서로 하나로 엮이게" 하는 것이다.[11] 성경 독서가 모름지기 자기가 고백하는 믿음의 실행이 되어야 함은 신앙의 말이요 언어인 성경 언어의 본질 자체가 요청하는 것이다.

죽고 부활하신 그리스도께 대한 신앙고백(예컨대 1코린 15,3-5)은 신약성경에서 그리스도교 신앙의 핵심이라 할 수 있는 파스카의 선포로서, '언어사건'이라 할 수 있다. 이는 단지 어떤 사실을 전해 주는 언어이기만 한 것이 아니라, 사건을 받아들이는 방식 자체가 된다.[12] 나아가 자기 말로 새로이 고백함으로써 그 사건이 거듭 새로워진다(J. -P. Sonnet). 바오로가 코린토 1서 15장 3절 이하에서 전

9 J.-P. Sonnet, "Le Sinaï dans l'événement de sa lecture. La dimension pragmatique d'Ex 19-24", in *Nouvelle Revue Théologique* 111 (1989) 321-344 참조.

10 같은 책, 344.

11 J. Ladrière, *L'articulation di sens. Discours scientifique et parole de la foi* (Paris: Aubier Montaigne-Cerf-Delachaux & Niestlé-Desclééde Brouwer 1970) 237.

12 파스카 사건의 선포는 주님께서 죽고 부활하셨다는 '사실'만 전하는 것이 아니라, 이 파스카 사건을 내가 수용하고 그리하여 내 안에서도 벌어지는 어떤 영적 사건이 되게 한다. 그런 의미에서 파스카의 선포는 사실에 관한 정보의 전달을 넘어서 그 자체가 하나의 '사건', 즉 '언어의 사건'이 된다 - 역자 주.

하는 그리스도의 죽음과 부활에 대한 '이야기'는 신앙고백적 발언을 통해 이루어지는데, 이 고백은 바오로를 그 이전의 신앙고백 역사에 편입시킨다["맨 마지막으로는 칠삭둥이 같은 나에게도 나타나셨습니다"(1코린 15,8)]. 그러니까 그는 자기가 선포한 그 사건에 온몸으로 철저히 연루되어 있고, 나아가 이전의 전통에 몸소 편입된다["나도 전해 받았고 여러분에게 제일 먼저 전해 준 것은 …"(1코린 15,3; 참조: 15,5-7)]. 그의 선포는 그가 전통에 이렇게 편입되는 데서 이루어지는 것이다. 또한 파스카 선포는 그 자체가 하나의 '사건'으로 생겨난다.

> 복음 선포는 새로운 상황을 창조한다. 선포가 받아들여지지 않는다 해도, 그것을 들은 사람들은 더 이상 이전과 같은 상황에 머물지 못한다. 부활에서 떨쳐진 하느님의 능력은 부활의 선포에서도 그대로 나타난다. 그리스도께서는 '선포'를 통해서도 부활하시는 것이다. 그래서 하인리히 실리어는 이렇게 말했다. "부활 사건은 … 이 사건의 선포에서 말하자면 '복제된다'고 말할 수 있으니, 부활은 그 선포에 완전히 맡겨져 있고 (선포라는) 이 '언어사건' 안에서 다시금 반사되어 나오는 것이다."[13]

그러므로 사건의 고백이 그 사건의 실상 자체에 완전히 속한 것이라면, "처음부터 결합되어 있는 두 가지, 즉 고백된 사건과 사건의 고백을 분리하지 말아야 한다".[14] 성령의 영감으로, 그리고 교회 공동체에 합체된 상태에서 신앙을 통해, 영감받은 성경 안에 현존하시는 하느님 말씀 본연의 특성인 '수행성'[15]이 자기 안에서 발휘될 수 있도록 해 드리는 사람, 바로 이런 이가 성경의 독자다. 그리하여 독자는 몸소 그 말씀을 힘 있게 다시 선포하며 효과적으로 증언하고 실행할 수 있게 된다.[16]

성령 안에서 듣기

신앙 언어의 이러한 고유한 '수행성'은 성경 언어가 지닌 권능, 능력, 힘(dýnamis)에 대해 말해 주고 있다. 그 힘은 사실 성령의 힘이

13 J.-P. Sonnet, *La parole consacrée. Théorie des actes de langage, linguistique de l'énonciation et parole de la foi* (Louvain: Cabay 1984) 98; H. Schlier, *La Parola di Dio. Theologia della predicazione secondo il Nuovo Testamento* (Roma: Edizioni Paoline 1963)도 참조.

14 A. Gesché, "La résurrection de Jésus dans la théologie dogmatique", in *Revue Théologique de Louvain* 2 (1971) 295.

15 원문 표현은 performatività다. 하느님 말씀은 말로만이 아니라 행동과 몸짓, 그러니까 삶의 실천을 통해서도 자기를 표현한다는 의미를 담고 있다. 몸소 창녀와 혼인하는 '퍼포먼스'까지 보여 준 호세아를 위시하여 구약의 예언자들이 이 '수행성'을 체현한 대표자들일 것이다 – 역자 주.

16 J.-P. Sonnet, *La parole consacrée*, 148-149. 이 탁월한 연구에 대해서는, "성경의 문자적 의미와 영적 의미를 구분하여 표현하려는 주석에 적합한 언어학적 모델을 제시"하는 미덕을 갖추었다는 평가가 있다(P. Piret, *L'Écriture et l'Esprit* [Bruxelles: Éditions de l'Institut d'études théologiques 1987] 251).

다. 영감받은 성경에 귀 기울이는 일은 따라서 성령 안에서 귀 기울이는 일이다(「계시 헌장」 12). "성경은 모두 하느님의 영감에 의거한 것"(2티모 3,16)이다. 달리 말해 "성경은 그리스도 예수 안에 있는 믿음을 통하여 얻을 수 있는 구원의 지혜를 줄 수 있다"(2티모 3,15). 성경은 그 고유의 힘을 드러내는데, 그 힘은 구원으로 곧장 이끌어 주는 힘이다. 성경의 가치는 교육적이고 윤리적인 것이 아니라 무엇보다 구원론적이라는 데 있다. "성경은 믿음을 통해 구원을 주며",[17] 사랑하고 좋은 일을 실천한다(2티모 3,17 참조). 이 힘은 성령의 활동에 토대를 두는데, 성령은 당신의 능력으로 성경과 동행하며 믿음으로 성경에 다가가는 이에게 구원을 선사하신다. 토마스 아퀴나스는 이렇게 말한다. "성사들은 그 효력을 믿음에서 끌어낸다."[18] 이 말은 또 다른 성사인 성경에도 그대로 적용된다. 그래서 요한 크리소스토무스는 "성경의 힘은 참으로 크기도 하다"라고 탄복할 수 있었다.[19] 사실 성경은 "성령에서 유래한다".[20] 그래서 성령의 힘으로 생기를 얻어 "성경에 담긴 하느님의 모든 말씀은 천상 행복의 희망으로 우리를 부른다".[21]

---

17 P. Beauchamp, *Parler d'Écritures saintes* (Paris: Seuil 1987) 14.

18 토마스 아퀴나스『신학대전』III, q.62, a.5(a cura di I. Volpi e T.S. Centi, [Bologna: Edizioni studio domenicano 1986] vol. 27, 86).

19 요한 크리소스토무스『창세기 강해』37,1, PG 53,341.

20 로마의 클레멘스『코린토 신자들에게 보낸 편지』45,2(*Lettrre aux Corinthiens*, a cura di A. Jaubeert, SC 167 [Paris; Cerf 1971] 174).

신약성경부터가, 구약성경을 인용할 때 "성령께서 이렇게 말씀하셨다" 혹은 "성령께서 이렇게 예언하셨다"는 말로 시작한다.[22] 영적 재해석이라는 현상은 성경 본문 형성 과정에서 신·구약성경을 막론하고 본질적이다.[23] 결국 성경은 예언적이며, 그 해석 역시 예언적 성격을 띨 수밖에 없다. 성경 역시 '책'[24]인 한에서 인간의 말이요 역사적 말이며 "토라는 사람의 말로 이야기한다".[25] 그러나 거룩한 책(1마카 12,9) 혹은 성경(2마카 8,23)은 하느님의 성령을 통해 그분의 타자성과 거룩함에 참여한다. 성경의 계시에 따르면 성령은 타자성과 '다름'을 포용하면서 이루어지는 친교의 근거요, 높은 곳에서 사람에게 선사된 힘이다. 성령은 파스카와 내림(파루시아) 사이의 시기에 우리에게 허락된 그리스도의 흐릿한 현존이

---

21 푸아티에의 힐라리우스 『시편 제118편 주해』(*Commento al salmo 118*, a cura di I. Passerini [Milano: Edizioni Paoline 2007] 206).

22 이사 6,9-10을 인용하는 사도 28,25; 시편 95,7-11을 인용하는 히브 3,7-8; 예레 31,33-34를 인용하는 히브 10,15-17; 사도 1,16; 4,25 등을 참조.

23 H. Riedlinger, "Lettera e spirito. La via della interpretazione spirituale della Scrittura nella chiesa", in *Communio* 29 (1976) 25-40, 특히 28-33 참조. 잡지 *Communio* 29호 전체가 '교회 안의 영적 주석'이란 특집 주제로 편성되었다.

24 이 문장과 이어지는 문장에서 저자는 'Scrittura'와 'Scrittura santa'를 구분하고 있다. 전자를 단순히 '책'으로 옮기고 후자는 '거룩한 책 혹은 성경'으로 옮겼다. 전자는 인간의 글로 기록된 문학작품이란 점을 강조하는 표현이고, 후자는 하느님의 말씀이 담겨 있다는 점을 강조한다. 최근 한국 교회에서 '성서' 대신 '성경'이란 표현을 쓰기로 한 것은 후자의 측면을 강조하기 위함이 아닌가 한다 - 역자 주.

25 Rabbi Jishma'el, in *SifrèNm* 15,31.

다. 신앙인은 바로 이 성령의 힘으로 '이름 없는' 노예의 상태에서 (노예는 고대에 *aprósopos*, 곧 '얼굴 없는 이'라고 불렸다) '아들'의 신원으로 건너가고(참조: 로마 8,15-17; 갈라 4,6-7), 고립 상태에서 하느님 및 사람과 맺는 친교로 건너가게 된다. 그리하여 비로소 '사람'이 되는 것이다. 기록된 말이 어떤 부재不在와 거리, 다름과 가치의 감소 등을 증언하는 것이라면(이미 지난 사건들을 증언하며, 자신을 훨씬 뛰어넘는 기준점을 지시하고 있기에), 성령께서는 이제 그 기록된 말로부터 부재 속에서 어떤 현존을 생성시키고 독자와 하느님 사이에 서로의 다름이 어우러지는 친교를 이루어 내신다. 하느님께서는 말씀과 성령안에서 스스로를 드러내시면서 영감받은 성경 안에 당신 계시의 '표지'를 남기신 것이다.

그러므로 성령은 성경 본문의 문자와 영을 명확히 구분하면서도 튼튼히 이어 주시며 독자가 본문을 영적으로 이해하게 이끄신다. 즉, 하느님과 친밀한 관계를 맺는 가운데 이해하도록 이끄신다.[26] 그리하여 독서는 독자와 하느님이 계약을 체결하는 현장이 되기에 이른다. 이런 맥락에서 오리게네스는 "성령께서 말씀하시는 것을 성령에 따라 알아들어야 한다"[27]고 했고, 히에로니무스는

---

26 원문을 직역하면 "친교적인 이해(comprensione comunionale)로 이끄신다"이다. 성령의 인도로 성경을 읽을 때 독자는 무엇보다 성경을 통해 하느님과 친교를 맺게 된다. 성경 본문의 참된 이해는 독자가 하느님과 맺는 바로 그런 관계와 친교에서 생긴다는 것을 표현하는 말이다 – 역자 주.

"성경을 주해하기 위해서는 늘 성령께서 우리에게 오셔야 한다"
고 말했다.[28]

그리스도의 '인성'人性과 성찬, 그리고 교회는 말씀께서 사람들에게 당신을 전달하는 통로가 되는 감각적 표지들이다. 성령의 작품인 성경 역시 그래서, 성경을 이해하기 위해서는 성경 특유의 역동성, 곧 성령의 역동성과 하나가 되어 흘러가야 한다. 영적 성경 독해만이 인간의 말들 안에서 하느님 말씀을 감지하게 한다. 인간의 말들은 바로 이 하느님 말씀으로 사람들을 이끌고 있는 것이다. 이것은 예수님의 인성과 성찬, 그리고 교회를 영적으로 이해할 때만 유다의 한 라삐(예수님) 안에서, 그리고 빵과 포도주(성찬) 안에서, 나아가 인간의 모임(교회) 안에서 이 모두가 표징으로서 가리키고 있는 실재를 감지할 수 있는 것과 같다. 어려움을 불러일으키는 것은 이런 표지들이 아니다. 이것들은 자기들 안에 있는 성령 덕분에, 정녕 자기들이 가리키고 있는 바의 표지가 된다. 정작 문제가 되는 것은 본성적으로 눈먼 우리의 상태다. 그리고 우리 본성이 눈먼 상태에 있게 된 것은, 이 표지들에게 생명을 부여하시는 성령으로부터 우리가 떨어져 나왔기 때문이다.[29]▶

27 오리게네스『레위기 강해』4,1(SC 286, 162).
28 히에로니무스『미카서 주해』I,1,10-15, CCSL 76, 430, ll. 296-297.

그러니까 성경을 어떻게 이해할 것인가 하는 문제가 있는데, 구원을 얻기 위해 '성경을 연구'(요한 5,39-47 참조)하는 것만으로는 부족하다. 믿음이 필요하고, 성령의 가르침이 있어야 한다. 성령께서는 당신을 맞아들이는 이를 "하느님께 (직접) 가르침을 받는 이"(참조: 요한 6,45; 이사 54,13)로 만들어 주신다. 루카는 성경의 성취를 늘 성령께서 내려오시는 것과 연결시키면서 성경에 대한 깊은 이해, 즉 성경이 '열리는 것'(*dianoígo*: 루카 24,32)은 사람들의 이해력과(루카 24,45) 마음과(사도 16,14) 눈이(루카 24,31) 열릴 것(같은 동사 *dianoígo*)을 요구하거니와 또 그렇게 되도록 촉구한다는 것을 확인해 준다. 다시 말해 성경이 '열리는 것'은 신앙인이 말씀에 철저히 연루되어, 말씀을 들음으로써 주님 현존을 체험할 수 있게 될 때 가능하다는 것이다.

영감받은 성경은 또한 영감을 불러일으키며, 독자가 삶에서 거룩함의 열매를 맺을 때 자기 힘을 드러낸다. 성경은, 자신 안에서 말씀의 힘이 발휘되도록 하는 독자로 하여금 종국에는 순교로 자신의 생명을 내어놓으면서 그 생명의 힘을 증언하는 지점에까지

◂29 M.-J. Rondeau, "Actualité de l'exégèse patristique?", in *Les quatre fleuves* 7 (1977) 98. 잡지 *Les quatre fleuves*의 이 호는 '오늘날 성경 독서'라는 특별호로 출간되었다. 히브리 주석 역시 비슷한 방식으로 전개된다. 신명 32,47("이 말씀은 빈말이 아니라 …")을 주해하면서 라시는 이렇게 말한다. "이 말씀이 여러분을 '위해' 빈말이 아니라는 것입니다. 만일 빈말이라면, 그것은 말씀을 해석할 줄도 모르고 깨워 일으키지도 못하는 여러분 때문입니다"(D. Banon, *La lecture infinie*, 28의 인용문).

이르게 한다. 순교자야말로 전형적인 '성령을 모신 이'[30]로서, 성경의 영감과 영감을 불러일으키는 힘을 가장 뛰어나게 증언하는 사람이다. 순교자는 성경을 신앙고백의 방식으로 읽는 이의 전형이다.

'오늘'의 말씀으로 듣기

바로 이 때문에 '현재적 독서', 다시 말해 본문을 지금 이 순간 직접 독자에게 주어지는 말씀으로 알아보며 들어야 한다. 네 복음서 자체가, 유일한 그리스도 사건을 서로 다른 그리스도인 공동체가 각기 다른 시간과 문화권에서 저마다 영적으로 다시 읽어 낸 결과물이다. 그러나 이 공동체들 모두 그리스도의 복음을 현재적이고 살아 있는 것으로, 각자를 향해 주어진 말씀으로 알아들었다.

예컨대, 특히 이집트 탈출같이 구원 역사의 큰 사건들을 각자 당면한 현실에 적용하여 알아듣는 것은 신·구약 전체에 공통된 것이고, 성경이 형성되고 그 구조를 갖추어 나가는 데 결정적인 역할을 했다.[31]▶ 영원히 남는 하느님 말씀은(1베드 1,25 참조) 영원한

---

30 '*pneûmatophoros*'는 '성령(*Pneûma*)을 지고 다니는 이'로 직역할 수 있다. 영어로는 흔히 'bearer of the Spirit'으로 번역된다. '크리스토포로' 성인의 이름 역시 그가 그리스도를 지고 간다고(christophoros) 해서 생긴 것이다. 사막 교부들의 전통에서는 성령의 은사(예컨대 사람 마음을 읽고 앞날을 내다보며 병을 치유하는 등)가 특별히 드러난 압바들을 *pneûmatophoros*라 불렀다 – 역자 주.

복음을 주며(묵시 14,6 참조) 어제와 오늘 그리고 영원히 같으신 예수 그리스도를(히브 13,8 참조) 선포하는데, 성경은 바로 이 말씀의 통로다. 그러므로 "성경에 미리 기록된 것들은 우리를 가르치기 위하여 기록된 것"(로마 15,4 참조)임을, "세상 종말에 다다른 우리"(1코린 10,11 참조)를 위해 기록된 것임을 알아들어야 한다. 물론 필수적인 해석의 과정을 통해 '글자'에서 '영'으로 되짚어 올라가야 한다. 그러나 본질적인 것은 신앙의 태도다. 성경이 고유한 역사적 순간을 사는 각자를 부르고 심판하면서 정화하고 '시대의 표징'을 식별하도록 해 주되, 자기 관점에서 출발해서 성경에게 아전인수격의 대답을 강요하는 일을 피하도록 해 주는 것이 바로 신앙의 태도다.

성경 본문은 자주 독자의 현재라는 시점과 본문이 이야기하고 있는 사건의 과거 시점을 서로 엮어 주는 기능을 수행한다.[32] 시나이산의 계약 이야기를 예로 들어 보자.

> 이스라엘 자손들이 이집트 땅에서 나온 뒤 셋째 달 **바로 이날**, 그들은 시나이 광야에 이르렀다(탈출 19,1).[33]

---

[31] Aa. Vv., *Attualizzazione della Parola di Dio nelle nostre communità* (Bologna: Edb 1983) 참조.

[32] 인칭대명사와 지시대명사, 시간부사와 장소부사 등이 주로 그런 기능을 하는 도구다. J.–P. Sonnet, *La Parole consacrée*, 34 이하 참조.

라시[34]는 이 구절을 이렇게 풀이한다.

> 본문에는 '그날'이라고 적혀 있어야 옳았습니다. 그렇다면 '이
> 날'이라고 적은 것이 무슨 뜻입니까? 그것은, 하느님께서 바로
> 오늘 그대에게 말씀하시는 것처럼, 토라의 말씀이 그대에게
> 늘 새로운 것이어야 한다는 것을 일러 주기 위함입니다.[35]

과연, 하느님께서는 매일 당신 말씀을 통해 계약을 맺기를 원하신
다. 그러니까 매일 다시 들어야만 한다. 시편 95편 7-9절이 바로
그 말을 하고 있다.

> 당신의 목소리를 **오늘** 듣게 되거든
> "너희 마음을 완고하게 가지지 마라,
> 므리바에서처럼, 마싸의 그날 광야에서처럼.
> 거기서 너희 조상들이 나를 시험하고
> 내가 한 일을 보고도 나를 떠보았으니."[36]

---

33 『성경』은 '바로 그날'이라 옮겼다 – 역자 주.

34 라삐 슐로모 이츠하키Rabbi Shlomo Yitzchaki(1040~1105). 이름의 첫 글자를
따서 라시라 불린다. 중세 프랑스의 뛰어난 주석가로 오경과 탈무드에 관한 방대한
주해서를 남겼다.

35 Rashi di Troyes, *Commento all'Esodo*, 19,1.

36 배은주 수녀의 미간행 역본에 따른 번역 – 역자 주.

바로 이 '오늘'을 히브리서의 저자가 다시 읽으면서(히브 3,12-13) '날마다'로 확장하고 있고, 그 결과 이 '오늘'이 지속되는 것이다. 그리하여 지속되는 오늘은 그리스도인이 깨어서 죄로 마음이 완고해지지 않도록 서로 격려해야 하는 '지금 이 순간'이 된다. 바로 이런 '현재적 해석'을 위해 가톨릭교회 시간 전례가 이 시편을 매일 아침 기도하게끔 배치해 놓은 것이다.

기도하면서 듣기

이런 '듣기'는 더 나아가 '기도'가 되어야 한다. "성경을 읽을 때에는 하느님과 인간의 대화가 이루어지도록 기도가 따라야 함을 명심해야 한다"(「계시 헌장」 25). 듣기가 벌써 대화의 시작이다. 그러나 성경 본문 앞에 자신을 있는 그대로 드러내면서 본문을 자신에게 적용할 때, 성경은 단순히 이해되기만 하는 것이 아니라 다시 살아 움직이는 책이 된다. 그리하여 참된 '신학'이 탄생되는 것이니, '하느님에 대한' 말을 하는 데 그치지 않고 하느님께 그분의 말씀을 받아서 자기도 '하느님께 직접 말씀드리게' 된다. 아우구스티누스는 성경을 공부하는 이들에게 "성경에서 사용하고 있는 문학 유형들을 알고, 각각 어떤 방식으로 표현되고 있는지를 영민하게 알아차려서 기억"해야 한다고 말한다. 그런데 그의 말은 다음처럼 계속 이어진다.

그러나 이해력을 얻기 위해서는 기도해야 합니다. 기도는 가장 중요하고 필수적인 방편이기 때문입니다. (성경을 공부하면서) 성경 문자(의 세계)에 매료된 이들은 "주님께서는 지혜를 주시고 그분 얼굴에서는 지식과 슬기가 나온다"(잠언 2,6)라는 구절을 읽게 됩니다. '연구가 신심과 결합된다면 사실 그들의 연구 자체가 그분에게서 힘을 얻어 진행된 것'[37]입니다.[38]

영적 독해는 주님을 알고 말씀에 복종함으로써 그분께 충실하게 되는 데에 목적이 있으므로, 성경 독서에서 기도의 해석학적 비중은 명백하다. 결국 성경은 기도하면서, 혹은 기도로써 이해하는 것이다. 온 존재로 주님과 나누는 대화에 충만히 들어갈 수 있도록 기도해야 알아듣는 책이 성경이다.

성경의 의미층과 거룩한 독서

마지막으로, 이러한 '듣기'는 문자에서 영으로 건너가는 과정을 작동시키려는 것으로, 말씀하시는 하느님의 뜻과 의향을 알기 위한 목적으로 본문 해석의 도구들을 사용한다는 사실을 지적해야

---

37 "a quo et ipsum studium, si pietate praeditum est, acceperunt"의 의역 – 역자 주.

38 아우구스티누스『그리스도교 교양』III,37,56, 201.

겠다. 신앙의 복종에 도달하는 것이 목적인 셈이다. 이 과정에서 성경 본문의 의미층을 심도 있게 관찰하는데, 이것은 유다교나 그리스도교를 막론하고 성경에 네 층의 의미가 있다고 본 전통에 상응한다. 유다교의 주석학은 하느님의 유일성에 토대를 둔 근본적 일치 안에서 문자와 영을 구분함으로써, 성경 본문을 점차 심화하며 읽는 역동적 독서 모델을 만들어 냈다.[39] 이러한 유다교 주석학과 동일하지는 않더라도, 중세 그리스도교 주석 전통에서도 본질적으로는 이와 같은 도식이 발견된다. 그것은, 본문이 문자 그대로의 의미, 우의적 혹은 영적 의미, 윤리적 의미, 상승적 의미 네 가지 의미층으로[40] 이루어져 있다고 보는 것이다.[41]

본문에 기록된 과거의 역사를 '나의 오늘'에 적용시키는 영적 독해는 성경 본문에서 역사적 의미만 알아듣고 그치는 것이 아니라, 그 계시적 함의, 특히 그리스도인의 삶을 본문과 연루시키고 투신하게 하는 그리스도론적 의미도 꿰뚫어 본다. 나아가, 본문의 관상적이고 종말론적인 차원도 통찰해 낸다. 사실 거룩한 독서

---

39 이른바 *PaRDeS*의 가르침이 그것이다. *PaRDeS*는 다음 네 단어의 첫 글자를 따서 만든 말이다(문자 그대로는 히브리말로 '과수원'이란 뜻으로 '낙원'이라는 말과 같은 어원에서 나온다). *peshat*(단순한): 문자적 의미로서, 본문이 이야기의 맥락에서 지닌 명백한 의미를 지칭한다. *remez*(암시하다): 우의적 의미로서, 본문이 암시하는 다른 성경 구절들을 통해 영적 의미를 꿰뚫어 보도록 본문이 '개방'되는 상태를 뜻한다. *derashà*(탐구): 독자가 구체적인 삶의 실천으로 본문에 응답하고 그 책임을 수용하는 상태를 지칭한다. *sod*(신비): 신비적인 의미로서, 사물들이 하느님과 맺고 있는 관계를 관상하며, 세상을 보는 하느님의 시선에 참여한다. *Zohar* I, 26b 참조.

는 성경 본문 안에서 이 모두를 알아보도록 자연스럽게 이끌어 준다. 거룩한 독서는 본문에 대한 역사 – 문학적 수준의 검토에서 시작해서(본문 관찰 단계) 계시적 수준으로 한층 더 심화하여 들어가며 거기서 그리스도의 얼굴이 떠오르게 한다(묵상). 그리하여 독자는 그분과 대화를 나누기 시작하며, 이 대화는 독자의 삶을 본문과 연루시켜 일상의 실천으로 이끌고 그의 삶을 변형시킨다(기도). 그

---

40 '사중 의미설'은 고대와 중세를 풍미하던 주석 방법이었는데, 그 유래와 진행 과정에 대해서는 이연학『성경은 읽는 이와 함께 자란다』(성서와함께 2006) 258의 주 96에 소개된 설명 참조. 사람에 따라서는 두 번째부터 네 번째까지의 의미들을 모두 '영적 의미'라고 부르기도 한다. 세 의미층 모두가 다 '영적 의미'의 다양한 갈래라고 보는 것이다. 그 경우 두 번째 의미는 '우의적 의미' 혹은 '그리스도론적 의미'라 불리고, 세 번째는 '윤리적 의미', 그리고 마지막은 '상승적(anagogico) 의미' 혹은 '종말론적 의미'라 불린다. 한편, 마지막의 '상승적 의미'는 어원을 좇은 번역이다. 학자들은 이 단어가 고대 그리스어 동사 *anagoghé*에서 왔다고 보는데, 이 동사는 *anà*(위, 위로)란 접두어와 *àgein*(이끌다, 행하다, 들어올리다)이란 동사가 합해 이루어졌다. 사실 고대와 중세의 주석은 지고한 진리를 향해 영혼(혹은 정신, 지성)을 '들어올리는' 일이기도 했다. 그런데 그리스도교 성경의 역사관에 따르면 그 '위'는 세상의 궁극적 완성 시점 혹은 '종말'(*éschaton*)에 있는 것이므로, 본문을 종말론의 관점에서 해석하는 일도 당연한 것이었다. 그래서 이 네 번째 의미를 '종말론적 의미'라고 부르기도 한다 – 역자 주.

41 두 전통의 관계에 대해서는 G. Scholem, *La Kabbalah e il suo simbolismo* (Torino: Einaudi 1980) 78-80; J. Radermakers, "Parole consacrée et exégèse juive. Note exégétique", in J.–P. Sonnet, *La parole consacrée*, 179-183 참조. H. de Lubac, "Sur un vieux distique. La doctrine du 'quadruple sens'", in *Mélanges offerts au R.P. Ferdinand Cavallera à l'occasion de la quarantième année de son professorat à l'Institut Catholique* (Toulouse: Bibliothèque de l'Institut Catholique 1948) 347-366.

리하여 마침내, 하느님 나라가 완성되어 주님을 뵙고 그분 얼굴을 마주할 마지막 날에 대한 희망 안에서, 인간사를 대하시는 하느님의 '넓은 마음'에 자신도 참여하게 되는 것이다(관상).

이렇게 해서 영적 독해는 믿음과 희망과 사랑을 일으키고 양육하며, 이 모두가 그리스도의 신비를 중심으로 자리 잡도록 해 준다. 본문에 대한 비평적 감각을 토대로, 사람으로 하여금 구원 역사에 접목되도록 하는 것을 목적으로 삼는 '윤리적 의미'만 해도, "사전이 정의하는 협소하고 추상적인 의미로서의 '윤리'와는 아무 상관이 없다".[42] 윤리적 의미는 사람과 그 윤리적 행위를 계약 사건에 접목시키고자 하는 것이다. 물론 우리의 경우 '계약'은 그리스도 안에서 사는 삶을 뜻한다. 영적 해석학은 그리스도 안에서 스스로를 드러내시는 하느님의 타자성과, 그리스도를 알아보게 해 주는 타자(이웃)의 타자성을 받아들이면서, 계시와 윤리를 통합한다. 그래서 영적 성경 독해는 윤리적 수준에서 "시선의 변형"[43] 작업을 중요한 기능으로 삼는데, 이것은 특히 기도와 전례 안에서 벌어지는 일이다. 그리고 무엇보다, 아무도 보지 않는 데서 아버지와 만나는 내밀한 개인 기도에서 벌어지는 일이다. 사실 기도의

---

42 M.–J. Rondeau, "Actualité de l'exégèse patristique?", 95.

43 성경의 문자적·역사적 의미 아래 속뜻을 영적으로 해석하듯이, 같은 영적 시선을 사용하여 사람들과 사건들에 내재한 말씀의 현존을 알아보는 영적 안목을 뜻한다 – 역자 주.

순간이야말로 교회에서 성경이 맨 먼저 사용된 장소였다.[44]

시편 2편을 예로 들어 영적 독해가 네 가지 의미를 어떻게 발견하는지 살펴보자.

1. 이 시편을 읽으며 왕좌 공백기의 혼란스러운 상황을 떠올리면서(1-3) 다윗 왕조의 왕 즉위식에 쓰인 옛 송영誦詠을 읽어 낸다면 이것은 역사적 수준의 독서다. 실상 왕좌 공백기로 인한 그 곤경은 새 왕이 왕좌에 오를 때 끝날 터인데(4-6), 즉위식은 다음의 요소들로 구성되어 있었다. 먼저 왕의 권한을 하느님 이름을 빌려 정당화하는 법령이 포고되며("너는 내 아들, 내가 오늘 너를 낳았노라"), 받아 든 쇠 지팡이로 적국들의 이름이 적힌 옹기장이 그릇들을 깨부수면서 저주의 몸짓을 보인다(8-9). 마지막으로 신하들과 외국 사절들이 갖추는 존경의 예를 받아들인다(10-12).

2. 하느님께서 오늘 낳으신 아들 안에서, 만민과 이스라엘 백성을 위해 수난을 겪으셨지만(사도 4,25-26 참조), 몸소 모든 이름 위에 뛰어난 이름을 주시고(필리 2,9 참조) 천사들보다도 뛰어난 분으로 드러내 주시면서(히브 1,5 참조) 다시 살리신(사도 13,30.32-33 참조) 메시아 예수님을 뵙는다면, 이것은 영적 수준의 독서이다.

3. 본문은 독자로 하여금 부활하셔서 살아 계신 그리스도의 다스리심을 알아보고, 참으로 하느님의 자녀답게 세례의 소명을 충

---

44 J.-M. Hennaux, "Sens tropologique de l'Écriture et problèmes d'aujour-d'hui", in R. Lafontaine et al., *L'Écriture âme de la théologie*, 145-161 참조.

만히 살도록 이끈다. 이런 식으로 본문의 '오늘'이 독자의 '오늘'이 된다. 그리하여 우리를 형제라 부르기를 부끄러워하지 않으신(히 브2,11 참조) 하느님의 아들 그리스도의 영을 통해 독자 역시 이 시편에서처럼 하느님과 '너 – 나' 관계의(7) 대화에 들어가게 되고, "너는 내 아들이다"(7)라고 자신에게 말씀해 주시는 하느님께 "아빠!"(갈라 4,6; 로마 8,15) 하고 대답하게 된다. 이것은 윤리적 수준의 독서이다.

4. 그리스도 안에서 충만히 실현된 이 말씀은, 그리스도께서 삶을 더 철두철미 다스리실 수 있도록 해 드리기 위해 여전히 싸워 나가야 할 그리스도인에게는 종말론적 약속으로 남는다. "승리하는 자는 이것들을 물려받을 것이니 나는 그에게 하느님이 되고 그는 나에게 아들이 될 것이다"(묵시 21,7) 하신 말씀이 이루어지는 곳은 천상 예루살렘이다. 오직 하느님 나라에서만 그리스도께서는 당신의 보편적 왕직을 발휘하시니, 그것은 오직 그때에 마지막 원수인 죽음이 파멸되고(1코린 15,26 참조) 그분이 "쇠 지팡이로 만민을 다스리실 것이다"(참조: 묵시 2,27; 12,5; 19,15). 이런 묵상은 '상승적 의미' 단계의 묵상에 해당한다.

제2부

교회 안의 거룩한 독서

6. 성경을 읽다, 말씀을 듣다

성경과 성경 독서

사람에게 주어진 하느님 말씀의 결정판이신 예수님과 만나도록 이끄는 성경 해석학을 강조하기 위해서는, 역사에서 지금껏 성경을 읽어 온 방식들을 주마간산 격으로나마 훑어볼 필요가 있다.

역사를 통해 본 성경 독서

성경 독서 역사의 시작은 성경 자체 안에 이미 밝혀져 있다. 한 예언자를 통해 전해진 하느님 말씀은, 말씀이 나온 그 순간의 상황을 뛰어넘어 영원한 힘을 발휘하며 사람들에게 체험된다. 그리하여 후대의 예언자들은 처음의 말씀을 다시 읽고 해석한다(제2이사야는 제1이사야를 다시 읽고, 제3이사야 역시 제2이사야를 다시 읽는다). 하느님께서 당신 백성을 이집트에서 탈출하게 하신 구원 사건은 역사 안에서 하느님께서 구원을 위해 어떻게 개입해 오셨는지 보여 주는 전형으로 받아들여졌다. 그리하여 사람들은 여러 시대에 걸쳐 그 사건을 다시 읽고 다시 쓰면서 거듭 현실에 적용했던 것이다(지혜 10-19장은 탈출기의 미드라쉬라 부를 수 있다). 이렇게 구약성경은 성경 본문의 구절들이 성경 내부에서 서로 인용하고 암시하며 스스로를 해석하고 있는 모범을 수도 없이 보여 주고 있다. 이는 한 구절이나 사건의 의미를 새로운 현실 맥락에 적용하여 읽는 미드라쉬 독서의 예가 잘 보여 주는 바다. '미드라쉬'란 말은 '탐색한다, 찾는다'는 뜻의 동사 '다라쉬'의 명사형으로, 나중에는 유다교 특유의 성경 연구 방법을 ─ 그리고 그런 연구의 결과물로 나온 주석을 ─ 지칭하는 전문용어가 되었다. 신약성경이 구약성경을 읽는 방식 역시 하나의 미드라쉬라고 정의할 수 있다. 근본적인 차이가 있다면, 최종 기준점이 유다교에서처럼 토라가 아니라 예수 그리스도로서 이분이 바로 성경의 모든 구절을 해석하는 열쇠가 된다는 것이다. 신약성경의 저자들은 당대 유다의 주석 전통에서 쓰이던 해석 방식을 사용하고 있다. 예를 들면 한 성경 본문에서 교리적이고 서사적인 발전 형태를 끌어낸다든지(마태 22,23-32는 '하가다'식 미드라쉬의 예라고 일컬을 수 있다), 구약성경의 한 구절에서 규범적 원칙을 연역해 낸다든지(마태 19,5-6은 '할라카'식 미드라쉬의 예다) 하는 것이다. 바오로 역시 하나의 진술을 근거로 더 심화된 진술을 내놓은 방식을 사용하는데, 그는 라삐 힐렐(서기 약 20년경 사망)이 만들었다는 일곱 주석 규칙 중 두 개를 유비적으로 연역해서 사용하고 있다. 그는 구약성경을 예형이자 상징이며 예언을 머금은 책으로 보는데, 이것들은 메시아이신 나자렛 사람 예수 안에서 완성된다는 것이다(참조: 1코린 10,1-4; 갈라 4,21-31). 이리하여 후대에 교부들이 널리 사용하게 될 예형론적이며 우의적인 독해의 바탕이 깔리게 되었다.

오리게네스는 바오로가 전개한 문자 – 영의 이분법을(2코린 3,6 참조) 발전시켜 나가면서, 성경 본문의 문자적 의미 이면에 숨은 영적 의미를 탐색하는 그리스도교적 성경 독서의 경로를 마련해 주었다. 이런 독서는 물론 성경이 성령의 영감으로 쓰였다는 신학적 전제를 바탕으로 하고 있다. 우리는 오리게네스가 성경의 삼중 의미를 구분한 바 있다는 사실을 이미 보았는데, 그것은 문자적(역사적) 의미, 신비적 의미(그리스도 안에 완성된 구원 역사의 신비에 관한 의미, 그러니까 신앙의 대상이 되는 사실과 관련한 의미), 그리고 윤리적 의미(실천의 수준에서 구체적으로 적용할 수 있는 의미)로 구성되어 있었다. 이는 실상 중세 성경 해석의 가장 큰 특징인 사중 의미의 뿌리라고 할 수 있다. 다키아의 아우구스티누스(13세기)는 성경 본문 의미의 점진적 심화 과정에 대해 이러한 도식으로 표현해 준 바 있다.

글자는 행한 것을 가르치고(littera gesta docet),

우의는 믿을 것을 가르치며(quid credas allegoria),

도덕은 행할 것을 가르치고(moralis quid agas),

신비는 향할 것을 가르친다(quo tendas anagogia).

문자적 의미는 일어난 일이나 실제 사건 혹은 역사에 관해 알려 준다. 이것이 첫 문장의 뜻이다. 둘째 문장은, 우의적 의미 혹은 영적 의미는 신앙의 대상을 표현하는 것으로서, 명백한 의미 이면에 감춰진 신비로 안내해 준다는 것을 이야기한다. 셋째, 윤리적 의미는 삶의 실천적이고 영적인 차원과 관련된다. 마지막으로 상승적 의미 혹은 종말론적 의미는 신앙인의 희망을 종말을 향해 활짝 열어 준다. 그런데 실상 이것은 사중 의미가 아니라, 단 하나의 의미가 여러 수준에서 이해되고 있는 것을 뜻하는 것임을 놓쳐서는 안 된다.

중세에는 '거룩한 독서'(lectio divina)와 함께 '스콜라식 독서'(lectio scholastica)가 있었다. 전자는 성경 본문 안에서 그리스도께 대한 사랑에 찬 앎을 추구하며 신앙을 양육하는 성경 독서로서, 특히 수도원을 중심으로 실천되었다. 반면 후자는 12세기 말과 13세기 초에 스콜라주의 전성기의 독서 방식인데, 성경 본문이 주로 특정한 신학적 입장을 강화하기 위해 읽히고 사용되었다. 토마스 아퀴나스에게서 볼 수 있는 것처럼, 이는 문자적 의미만이 신학의 토대가 되어 줄 수 있다고 여기고 거기에 집중하는 전문적이고도 세심한 독서였다. 그러나 주로 우의적이고 영적인 방식으로 진행되던 그리스도교 성경 해석이 내포하고 있던 위험이 극단적 파국으로 치닫게 된 것은 14세기부터였다. 역사에서 멀어지는 위험이 바로 그것이었다. 이 시기에 성경 독서는 점점 더 복잡하기 짝이 없는 추상화와 작위적인 우의화를 일삼으면서 퇴락의 길로 접어들었고, 마침내는 근대의 성경 해석에 접어드는 길을 여는 계기가 되었다.

근대의 성경 해석은 문자적 의미에 새삼 주목하고 있는데, 바로 이런 태도가 오늘 우리 시대까지 이어져 온다. 문자적 해석에 대한 재평가가 이루어진 데는 여러 요인이 있다. 우선, 15세기에 발명된 인쇄술로 수많은 독자가 직접 성경 본문을 읽을 수 있게 되었다. 전에는 불가능한 일이었다. 종교개혁의 시기와 맞물려 퇴락한 교회 관행들을 정화하기 위해 성경으로 돌아가야 한다는 요구가 있었다는 점도 거론할 수 있다. 나아가 당대 인문학자들이 주창한 것처럼 원천으로 돌아가 고대 언어의 지식을 회복해야 한다는 필요성이 대두된 점도 들 수 있다(예컨대 15세기 로렌초 발라 같은 이는 라틴어 성경이 득세하던 중세가 끝나면서 그리스어 성경으로 재조명된 진실로 복귀해야 한다고 주장했다). '거룩한 본문'이 종교적이고 교회적인 맥락에서 떨어져 나오게 되고, 성경 본문 역시 다른 모든 고대 본문들과 같은 방식으로 다루어져야 한다고 보는 태도가 등장했으며, 과학적 사고방식이 발전하고 역사의식이 날카로워진 점도 요인 중 하나로 들 수 있다. 이 모든 요인과 함께 다른 여러 요인들이, 특히 17~18세기에 역사적·문학적 비평이라는 두 축을 중심으로 성경에 접근하도록 이끌었다. 어떻든 여기가 바로 이른바 '역사 비평 방법론'(엄밀히 말하자면 복수를 써서 '역사–비평 방법론들'이라 해야 하지만)

의 기원으로, 이것이 바로 오늘까지도 성서학계에서 주류를 이루고 있는 태도다. 교황청 성서위원회가 간행한 「교회 안의 성서 해석」은 이 방법이 성경을 "올바로 이해"하기 위해 필수적인 것이라 평가하고 있다. 역사 비평 방법론은 성경 본문이 산출된 역사적 과정과 그 통시적 진화 경로 등을 규명하려 한다. '비평'이라 부르는 이유는, 본문을 재구성하고 언어학적으로나 문학적으로 분석하기 위해(본문 단위의 규명, 사본의 존재 여부와 문학 유형에 대한 평가, 최종본에 기여한 이전 요소들에 대한 연구, 최종 편집자의 역할에 대한 검토 등) 가능한 한 가장 객관적인 학문적 기준들에 도움을 받기 때문이다. 이 방법의 목적은 결국 본문의 의미를 가능한 한 가장 정확히 규명하는 것이다.

그러나 그 어떤 방법론도 절대화되고 우상화되어서는 안 된다. 그리고 그 어떤 방법론도 복합적인 성경 본문이 지닌 무한한 풍요로움을 다 규명할 수는 없다. 그래서 다른 방법론들이 많이 등장하게 되었다. 특히 근년에 들어서는 공시적 방법론(본문을 현재의 최종 판본에 나타난 그대로 검토하는 태도)이 괄목할 만한 인기를 누렸다. 이는 문학적 관점에서 수행하는 수사학적 분석, 그리고 서사 분석과 기호학적 분석의 작업이라 할 수 있다. 특히 흥미로운 것은 '정경적 접근'으로서 유다교의 해석 전통을 복원하고 연구하며(구약성경이 그 최종 형태를 취한 문화적이고 종교적인 배경에 대한 연구로서, 예수께서도 결국 그 배경에서 사셨고 또 신약성경 역시 바로 거기서 발원했다) 나아가 성경 본문의 영향사²를 연구한다(역사 안에서 성경 본문이 어떻게 수용되고 읽혔는지에 대한 연구). 이 외에도 사회학, 문화인류학, 심리학과 심층심리분석학의 도움을 받아 수행하는 방법론들이 있다.

말씀하시는 하느님

믿는 이는 듣는 이다

성경의 신학적 토대는 "하느님께서 말씀하신다"는 사실이다.

---

1 '정경적正經的 접근'(l'approccio canonico)이란 성경 해석에서 이른바 '정경 비평'(canonical criticism)의 방법론을 일컫는다. 정경은 신앙 공동체와 맺는 긴밀한 관계에서 탄생한 것이므로, 성경 본문의 신학적(혹은 신앙적) 의미와 그 본문이 공동체 안에서 행사하는 기능 등에 관심을 가진다. 정태현 『성서비평사전』(성서와함께 1993) 229-231 참조 - 역자 주.

2 영향사影響史는 H.G. 가다머의 철학적 해석학의 핵심 용어다. 가다머(그리고 하이데거)에 따르면, '이해'(혹은 해석)는 늘 내가 이미 지니고 있는 '전이해'前理解 (Vorverständnis)에서 생긴다. 나도 모르게 이미 지니게 된 어떤 근원적 입장이나 관점 혹은 '선입견'이라고도 할 수 있는 이 '전이해'는 그냥 생긴 것이 아니라 그 내용이 역사적으로 형성된 것이다. 즉, 과거의 수많은 해석들이 당대뿐만 아니라 후대에도 어떤 '영향'을 끼치며 해석의 '연쇄망'을 만들어 내어, 결국 나의 이해와 해석에까지 '영향'을 미친다는 것이다. 가다머는 바로 이것을 영향사(Wirkungsgeschichte)라고 부른다. 영향사야말로 우리가 어떤 현상이나 본문을 이해하는 방식을 원천적으로 (대개의 경우 무의식적으로) 규정한다. 요약하자면 영향사는 나의 전이해를 결정하고, 이렇게 생긴 전이해가 바로 나의 '이해 지평'이 되며, 나의 이해 혹은 해석은 바로 이 이해 지평의 범위 안에서만 벌어진다. 영향사 이론은 해석에 있어서 '전통'이 얼마나 결정적이고 중요한지를 밝힘으로써, 성경 해석에 있어서도 교부들의 해석 전통이 지니는 비중을 재평가하게 해 주었다 - 역자 주.

'말씀하신다'는 하느님의 이 원천적 행위 앞에서 그분의 상대는 당연히 '듣는' 이가 된다. 듣는 것이야말로 이스라엘을 하느님 백성으로 만든다고 성경이 거듭 말한다는 점에 대해서는 이미 언급했다. '들음'은 소속과 관계를 만들며 '계약'을 체결하게 한다. 신약성경에서는 이제 이 '들음'의 대상이 하느님의 아들이신 예수님으로 옮겨 간다. "이는 내 사랑하는 아들이니 나는 그를 어여삐 여겼노라. 너희는 그의 말을 들어라"(마태 17,5와 병행구 참조). 결국 성경은 어떤 '부르심'을 담고 있으며 독자로 하여금 듣고 응답하도록 요청한다. 성경을 읽는다는 것은 하느님과 만나기 위해 '이집트 탈출'을 감행하는 일이요, 그분과 관계 맺기 위해 자신을 활짝 여는 일이며, 대화의 장으로 들어서는 일이다. 그리고 대화의 장에서는 '들음'이 가장 중요하다. '믿는 이'는 '듣는 이'다. 듣는 이는 들음으로써 말씀하시는 분의 현존을 고백하는 것이며, 그분과 인생이 엮이게 되기를 원한다. 듣는 이는 자신 안에 타자가 거처할 공간을 마련한다. 듣는 이는 자기에게 말하고 있는 타자를 신뢰하면서 그에게 자신을 내맡긴다. 그래서 복음서들은 '무엇'(내용)을 듣는지에 대해서(마르 4,24 참조)뿐 아니라 '어떻게' 들을 것인지에 대해서도(루카 8,18 참조) 주의를 기울이라고 요구한다. 사실 우리가 누구인지는 우리가 듣고 있는 바로 그것에 좌우되는 법이다. 그러니까 성경이 구현하고자 하는 인간형은 들을 줄 아는 인간, "듣는 마음"(1열왕 3,9)을 지닌 인간이다. 듣는 행위의 주체는 '마음', 곧 전인소人이다. 사람 내면의 최심부는 '들음'으로 형성된다. 말씀을 들음으로써 타자를 환대하는 인간으로 형성되는 것이다. 이 '들음'이 성경 구절을 듣기만 하고 그치는 일이 아니라 하느님 말씀에 대한 영적 '식별'을 뜻하는 것이라면, '믿음'을 요구하고 '성령 안에서' 듣기를 요구한다는 것은 당연하다. 전례와 거룩한 독서에서 이루어지는 성경 독서가 요구하는 조건도 바로 이것이다.

전례

성경은 한 백성의 책이며 한 백성을 위한 책이다. 성경은 그 독자 – 수신인들에게 주어진 유산이며 '유언'이다. 독자는 성경의 기록이 증언하고 있는 구원 역사를 자기 역사와 삶에서 실현해 나가면서, 옛 성경 저자들의 자리를 오늘에 물려받아 그들과 같은 역할을 수행하며 살아간다. 그러니까 백성과 '책' 사이에는 상호 소속 관계가 성립한다. 성경은 백성 없이 존재하지 않으며 백성 역시 성경 없이 존재할 수 없다. 백성은 이 '책' 안에서 자기 존재 이유와 부르심, 그리고 신원을 발견하기 때문이다. 더 깊은 차원에서 보면, 백성이 계약을 통해 하느님께 소속된다는 것을 뜻하는 이 백성 – 성경의 상호 소속 관계는 전례 안에서 거행된다. 전례는 백성이 성경을 수용하는 현장이기도 하다는 말이다. 다시 말해 바로 공동 전례에 모인 공동체에서 백성은 성경을 수용한다. 이 맥락에서 루카 복음 4장 16-21절은(나자렛의 회당에서 벌어진 일로, 한 성경 본문의 전례적 선포에 이어 예수님의 강론이 소개된다) 신학적 수준에서나 인간학적 수준에서 의미심장하다. 그날 나자렛 회당에서 벌어진 일은 오늘도 공동 전례에서 하느님 말씀이 선포될 때마다 생기는 일이다. 성경 본문은 오늘, 바로 이 공동 전례에 모인 구체적인 공동체를 위해 살아 있는 말씀으로 읽히고 선포되는 것이다["이 성경 말씀은 오늘 여러분이 듣는 가운데서 이루어졌습니다"(루카 4,21)]. 요컨대 이 공동체는 하느님 말씀이 불러 모은 공동체요 '들음'의 공동체다. 공동 전례에서 독서는 책(성경)에 '몸'을 부여하여 육화시킨다. 그리하여 이 책은 바로 오늘을 위한 의미심장한 말씀, 바로 이 공동체에 주어진 말씀으로 울려 퍼지게 된다. 독서자는, 손으로는 책을 열고 눈으로는 본문을 읽으며 입으로는 낭독하면서, 성경에 목소리를 실어 준다. 그리하여 "기록된 것"[3]은 오늘 이 자리에서 살아 있는 말씀으로 부활하는 것이다. 이런 과정은 영적인 것이요 성령의 역사로 이루어진다. 성령께서는 책이 기록되는 과정을 주관하셨던 것과 마찬가지로, 이제 전례 안에서 기록된 글이 말씀으로 형성되는 과정을 주관하시는 것이다["주님의 영이 내게 내리셨다"(루카 4,18)]. 하느님 말씀이 전례 집회에서 울려 퍼지고 전례 행위의 토대가 될 수 있는 것은 바로 성령의 이런 역사하심 덕분이다.

전례에서 말씀의 선포 때 성령께서 현존해 주셔야 한다는 사실

---

3 성경을 가리킨다 – 역자 주.

에 대해서는 4세기 세라피온⁴의 『전례 경본』이 잘 증언해 주고 있다. 이 전례서는 성찬 기도 때에 두 번에 걸쳐 성령청원기도를 드리던 알렉산드리아 교회의 전통에 맞갖게, 미사 독서 전과 강론 후에 두 번 성령청원기도를 바치도록 하고 있다. 이 성령청원은 한편으로는 성령께서 집전자의 예언 직무 수행을 감도해 주시어 그가 말씀을 잘 알아듣고서 회중에게 잘 선포하고 나누어 줄 수 있게 해 주십사 바치는 것이고, 다른 한편으로는 전례에 모인 공동체가 말씀을 올바르고 합당하게 수용할 수 있게 해 주십사 바치는 것이다. 전례에서, 특히 성찬 전례에서는 성경이 '말씀'의 상태로 '부활'하는 일이 벌어진다. 그래서 전례에서 성경을 읽는 것은 부활의 기운에 젖어들어 가는 일이라고 말할 수 있다. 전례에서 발생하는 이 사건은 네 가지 본질적 요소로 구성되어 있다. 첫째, 교회 공동체가 공적으로 수용한 정경으로서의 성경 본문이 낭독된다. 둘째, 이 본문은 바로 오늘을 위한 하느님의 살아 있는 말씀으로 선포된다. 셋째, 그 본문에서 스스로의 정체성을 길어 내는 회중을 대상으로 선포된다. 넷째, 이 모든 과정이, 낭독된 바의 원천적 진정성을 보증하는 이(집전자)의 인도 아래 진행된다.

전례에 모인 회중은 성령의 도우심에 힘입어 말씀하고 계시는 그리스도께 귀 기울이게 된다. "교회에서 성경을 읽을 때에 당신

---

4 세라피온은 4세기 이집트 트무이스의 수도승 출신 주교로서, 30개의 전례 기도문을 모아 놓은 『전례 경본』*Euchologion*이 그의 이름으로 전해지고 있다 - 역자 주.

친히 말씀하시"기 때문이다(『전례 헌장』 7 참조). 그리하여 오늘도 "여전히 복음을 선포하고 계시는 그리스도"(『전례 헌장』 33 참조)의 현존 앞에 서서 하느님께서 당신 백성과 계약을 맺으실 수 있도록 해 드리면서 그분께서 백성 가운데를 지나가실 수 있도록 한다. 성경과 전례의 유일한 목적은 백성이 주님과 대화를 나누는 관계에 들어갈 수 있도록 하는 것이다. 이 대화야말로 하느님 말씀의 궁극적 목적이다. 하느님의 입에서 나와 성경에 증언된 말씀은 기도하는 백성의 응답을 통해 다시 하느님께로 돌아간다(이사 55,10-11 참조). 바로 이 때문에 성경의 심장부에 시편이 자리 잡고 있는 것인데, 시편은 백성이 역사 안에서 일하시는 하느님께 예배와 전례로 응답하는 것이다. 전례의 심원한 역동성은 대화적이라는 데 있다. 전례 안에서 하느님께서는 당신 백성을 모으시고, 성경 독서는 그분께서 당신 백성을 구원하기 위해 역사에 개입하신 사건들을 기억하게 하며, 회중은 아버지의 어지심에 감사와 청원으로 응답하기 때문이다. 그러니까 말씀은 전례를 지향하고, 전례 안에서 말씀이 다시 태어나 살아 있게 되며, 오늘의 현실에 적용되는 효과적인 말씀으로 드러나게 된다. 그리하여 백성이 하느님과 계약을 맺도록 이끄는 것이다. 앞에서 말했듯 성경의 목적은 백성이 하느님과 대화의 관계에 들어가는 것인데, 방금 말한 전례의 대화적 구조는 성경의 이런 목적과 부합하는 것이다. 이 점이 가장 잘 드러난 책이 바로 아가다.

거룩한 독서(Lectio Divina)

일찍이 오리게네스가 '신적 독서'(theía anágnosis)에 대해 말한 바 있거니와, 카르투시오회 수도승 귀고는 말씀을 귀 기울여 듣는 이 수행에 대해 더 의미심장한 표현을 남겼다.

> 하루는 손노동에 열중하면서, 사람의 영적 수련에 대해 생각하기 시작했습니다. 그때 불현듯 제 내면의 사색에 네 가지 층계가 떠올랐습니다. 그것은 독서, 묵상, 기도 그리고 관상의 네 층계였습니다. … 독서는 열심한 마음으로 성경을 주의 깊게 살펴보는 것입니다. 묵상은 지성의 열심한 활동으로서, 자기 이성의 도움을 받아 숨은 진리에 관한 지식을 탐사하는 것입니다. 기도란 하느님께로 향한 마음의 정성스러운 노력으로서, 악을 멀리하거나 혹은 선익을 얻기 위한 것입니다. 관상이란 영혼이 하느님께 이끌려 자기 자신을 넘어서 고양되는 것으로서, 영혼은 이때 영원한 감미의 즐거움을 맛봅니다.[5]

개인으로 수행하든 공동체로 실천하든, 믿음과 기도의 맥락이야

---

5 귀고 2세 『야곱의 사다리』 2(*Tornerò al mio cuore. La scala di Giacobbe, Commento al Magnificat, Meditazioni*, a cura di E.A. Mella [Bose: Qiqajon 1987] 29-30). (같은 작품이 『말씀에서 샘솟는 기도』 139-161에 라틴 원문 직역으로 소개되어 있다.)

말로 거룩한 독서에 고유한 것이다. 바로 이 맥락에서 거룩한 독서가 이루어진다. 바로 이 지점에서 우리는 고요히 우리 자신을 열고, 주님께서 지금 여기에서 내게 말씀하신다는 신앙을 고백한다. 성경 전반을 관통하여 나오는 바로 그 신앙을 고백하는 것이다. 그리하여 성령께서 내려와 주시기를 청하면서 그분의 움직임에 겸손히 열려 있게 된다. 본문의 이해는 '영적 사건'이지 지성적 작업이 아니다. 물론 연구 역시 거룩한 독서의 진행 과정에 분명히 포함된다. 사실 묵상은 자기 관찰도 아니요 심리학적 자기 분석도 아니다.[6] 그것은 본문의 의미를 한층 더 깊이 알아듣는 일인데(그래서 이 단계에서는 사용 중인 성경의 각주나 주석서, 성경 사전 등을 참조할 수 있다), 그리하여 신학의 정점이라 할 수 있는 복음 선포가, 복음의 그 핵심 메시지가 본문으로부터 드러나게 되는 것이다. 본문을 이처럼 주의 깊게 읽고 들은 다음에는, 기도하고 관상하면서 말씀하시는 분의 현존 앞에 머무는 단계로 건너간다. 루카 복음 4장 16-21절에서 성경 본문을 낭독한 다음[예수께서는 이사야 예언서의 두루마리를 읽으신다(루카 4,16-19 참조)] 그리스도를 '봄'으로 건너가는 것과["회당에 모인 모든 사람의 눈이 예수께로 쏠렸다"(루카 4,20)] 비슷하다고도 할 수 있겠다. 이렇게 거룩한 독서는 기도로 시작해서 기도로

---

6 '묵상'이 주로 자기 내면을 살피고 분석하는 데에 에너지를 많이 씀으로써 결과적으로는 시선을 주님에게가 아니라 자기 자신에게만 머물게 하는 영적 수련이 되고 말 위험이 있다는 사실을 지적하는 말이다 – 역자 주.

마무리된다. 마무리 기도는 감사나 흠숭, 찬양이나 청원이 될 수도 있고, 침묵 중에 주님의 현존을 관상하기, 혹은 그 현존에 대한 청원이 될 수도 있다. 어떻든 그것은 듣고 되새긴 말씀에서 영감을 받아 하게 되는 기도이다.

거룩한 독서에서는 말씀을 받아들이기 위해 본문을 읽는 과정에서 시작해서, 이 말씀 앞에서 자신과 삶을 읽는 과정으로 건너간다. 그리하여 거룩한 독서가 신앙과 삶의 통합, 개인 기도와 전례의 통합, 그리고 내면의 영성과 역사적 투신의 통합으로 이끌어 줌을 체험하게 된다. 그러나 성경 본문 자체와 관련해서는, 구약성경과 신약성경의 일치도 체험하게 된다. 사실 거룩한 독서는 성경 자체 안에 내장된 그리스도교적 해석 원리를 토대로 성경을 통합하고자 한다. 그 해석 원리란 다름 아닌 그리스도로서, 죽었지만 부활하신 분이요 사람에게 주어진 하느님의 결정적 말씀이 되시는 바로 그분이시다. 이런 방식으로 거룩한 독서는 구약성경에 기록된 계약의 빛으로 성경 말씀이 완성되는 것을 깨닫게 한다. 그리고 이런 완성이 구약의 계약 없이는 불가능할 뿐만 아니라 그 계약의 권위를 박탈하지 않으며, 오히려 종말론적 완성을 향하여 그 계약을 새롭게 한다. 이리하여 그리스도 안에서 (구약의) 계약이 완성된다는 말은 그리스도 안에서 다시금 계약을 받는 일이 된다. "성경 말씀대로"(1코린 15,3-4), 다시 말해 "율법과 예언자들의 책과 시편"(루카 24,44) 말씀대로 죽었다가 다시 살아난 그리스도께서는 구약성경의 예언을 폐기하지 않으신다. 그분은 오히려 다가올 하느님 나라를 향하여, 다시 말해 인류를 위한 하느님 구원의 계획이 완성되는 바로 그날을 향하여 구약의 예언을 새롭게 하시고 거기에 새로운 뜻을 부여해 주신다.

성경 본문의 해석

성경은 여러 권으로 이루어진 책이다. 다양한 시대와 장소에서 서로 다른 세 언어(히브리어와 그리스어로, 그리고 극히 일부분이나마 아람어로)로 기록되었을 뿐 아니라, 서로 다른 문학 유형들로 편찬된 책 여러 권이 들어찬 서가와도 같다. 그러므로 오늘의 독자들과는 그 문화적 거리가 멀다. 오늘의 독자들은 무엇보다 성경 본문의 '타자성'을 절감하게 된다. 한 사람과 인간관계를 맺을 때도, 섣불리 추측한다든지 혹은 일방적으로 동화되어서는 안 되며 생산적인 대화의 관계를 맺어 나가면서 있는 그대로의 그를 만나야 한다. 그에게 귀를 기울이면서 그의 과거에 대해 알고 그의 원의와 욕망이 무엇인지 있는 그대로 알아 나가야 한다. 마찬가지로, 성경 본문 앞에서도 풍요로운 만남을 위해서는 말씀을 자기 좋을 대로 알아듣기보다는 일련의 수행이 필요하다. 성경은 하느님의 말씀이 인간의 말 안에 담기고 전수되는 공간이기에, 늘 어떤 신학적 요소로 규정된다. 예컨대 역사 안에서 활동하신 하느님께 대한 신앙, 신약성경의 경우 나자렛 예수 안에서 충만히 드러나신 하느님께 대한 신앙이 그러하다. 그뿐 아니라 성경은 시대와 장소와 저자(예컨대 문학 유형, 문체의 변형 과정, 다른 문화권의 영향 등)에 따라 변할 수 있는 문화적 요소로 규정되기도 한다. 그래서 이런 성경을 전체적으로 해석하기 위해서는, 한편으로는 본문의 타자성을 진지하게 고려하는 주석적 접근이 필요하고, 다른 한편으로는 인간의 말을 통해 말씀하시는 하느님과 관계를 맺을 수 있도록 해 주는 영적 해석이 필요하다. 성경 말씀에 담긴 역사적 특성을 밝히고 그리스도교 신앙에서 차지하는 강생의 중요성을 해명하기 위해서는 수고스러운 주석 작업을 거쳐야 한다.

주석 작업은 본질적으로 본문 비평, 문학 비평 그리고 역사 비평의 세 단계를 통해 진행된다. 우선 여러 수사본들의 증언을 토대로 문헌학의 수준에서 더 확실한 본문을 설정하려고 노력하고, 본문의 언어학과 작성상의 기준들 그리고 문학 유형을 연구하며, 사용되었을지도 모를 출전들과 저자의 편집 유무를 규명하고, 마지막으로 본문을 역사적으로 평가하는 것이다. 이런 작업 덕분에 어느 정도의 객관성을 갖춘 본문에 대한 의미가 떠오르게 될 것인데, 이런 의미는 더러 저자의 의도를 넘어서기도 한다. 사실 '저자의 의도'를 재구성할 수 있다고 믿는 것은 이상주의적 신념에 지나지 않을 수 있다. 그런데 저자의 의도를 규명했다는 바로 이 지점에서 가장 엄밀한 의미의 해석학적 요소가 적용되는데, 바로 본문과 오늘을 연결하는 다리를 건설하는 일이다. 우리는 이런 과정의 예를 루카 복음의 서문(루카 1,1-4)에서 볼 수 있다. 본문은 네 단계에 대해 말하고 있다. 먼저 역사적 사건들이 나오고(1,1), 다음으로 "이루어진 일들"을 믿음으로 해석하는 그리스도인 공동체와 목격 증인들이 기억해서 후대에 전해 주며(1,1-2), 이렇게 전승된 기쁜 소식들을 엮어 기록한다는(1,1.3) 이야기가 있고, 마지막으로 이 기록의 수신인들에 관한 이야기가("존귀하신 테오필로스님": 1,3-4) 나온다. 한 복음서가 작성되기까지의 역사라 할 앞의 세 단계를 재구성하는 것이 주석과 역사 비평(생긴 사건들을 다룸), 그리고 본문 비평과 문학 비평(복음서들의 편집과, 편집되기 이전의 역사)의 임무다. 그런데 이런 방식으로 일단 본문이 무엇을 말하는지 알아들었으면, 이제 그것이 오늘의 나와 우리에게 무엇을 말하고 있는지 알아들어야 하는데, 이것이 바로 '해석'의 임무이다.

해석의 단계에서 독자의 지평은 본문의 지평과 만나 융합된다.[7] 그리하여 새로운 세계가 열리고 오늘을 위한 생생한 의미가 탄생한다. 고대의 성경 본문을 오늘의 문화적 맥락으로 '번역'하는 이 작업은 전문적 기술로 이루어지는 것이 아니라 영적인 것이다. 그것은 신앙을 요청한다. 신앙은, 비록 특정한 시대의 문화에 깊은 영향을 받긴 하지만, 바로 신앙 자체를 출발점으로 해서 성경 내부에 기록된 바를 알아듣는 데 있어서 결정적인 해석학적 기준이다. 따라서 해석에는 성령의 도우심이 필요하다. "성령을 통해 쓰인 성경은 성령의 도움으로 읽고 해석해야 하기" 때문이다(「계시 헌장」12). 그러니까 해석은 기도, 특히 전례 안에서 이루어져야 한다(「계시 헌장」25 참조). 성경은 물론 하느님에 관한 생각과 지식을 담은 책이지만, 오직 이런 방법을 통해서만 성경은 하느님 말씀을 선사하는 성사로 받아들여질 수 있다. 그리고 이런 해석은 개인이 제멋대로 하는 것이 아니라(2베드 1,20 참조) 공동체와 교회 안에서 이루어야 한다. 바로 이런 과정을 통해, 신구약을 막론한 전 성경은 교회의 책이요, 정경은 그 결정적 해석의 기준이라는 사실을 의식하게 된다. 그리하여 성경의 일체성을 회복하게 되는 것이다. 동시에 이 과정을 통해 하느님 백성의 통시적·공시적 일치 역시 회복하게 된다. 성경은 바로 하느님 백성 가운데서 살았고 지금도

---

7 지평융합(Horizontverschmelzung)은 가다머 해석학의 핵심 용어 중 하나다. '영향사'에 관한 앞의 역주에서 말한 대로 해석은 늘 '영향사'로 인해 이미 규정되어 있는 나의 '이해 지평'에서만 가능한 것인데, 그렇다면 나와 다른 전이해에서 생겨난 다른 이해 지평을 나는 과연 이해할 수 있는가 하는 문제가 생긴다. 가다머는, 하나의 이해 지평은 폐쇄된 체계가 아니라 열려 있어서, 다른 이해 지평 속으로 융합될 수 있고 그 결과 기존의 내 이해 지평은 더 확장, 심화되고 풍요로워진다고 보았다. 이것은 결국 '대화'를 말하는 것이다. 물론 이 대화 과정은 나의 세계가 무너지는 아픔을 동반하지만, 바로 이 아픔과 더불어 나는 비로소 전과 다른 사람, 전보다 더 넉넉하고 깊이 있고 풍요로운 사람이 될 수 있다. 요컨대, 이해 혹은 해석에 있어서 최종 관건은 '타자'와의 '대화'가 가능한가, 타자의 이해 지평 속으로 내가 들어갈 수 있는가 하는 것이다. 엔조 비앙키는 이를 성경 해석에 적용시켜서, 성경 본문이라는 타자를 해석하는 데 있어서도 가장 중요한 것은 본문의 타자성을 존중하며 있는 그대로 받아들이는 '지평융합'의 열린 정신이라고 말하고 있다. 정달용 「가다머, 한스 게오르그」 『한국 가톨릭대사전』 제1권(한국교회사연구소 2006) 14-15 참조 - 역자 주.

그 안에 살아 있다. 요컨대 성경은 성경을 전수하고 전달하는 전통의 흐름과 분리될 수 없다. 나아가, 전통에 따르자면 성경은 하느님께서 사람들에게 쓰신 편지로, 실천하고 순종하라고 주어진 책이다. 그래서 "말씀을 산다"는 것이야말로 성경을 이해하는 데 근본적인 해석학적 기준이 되는 것이다. 단지 읽고 공부한다고 해서 이해할 수 있는 것이 아니라 실천할 때 비로소 성경은 다양한 방식으로 우리에게 자신을 드러내 준다. 그리하여 한낱 '책장'冊張에서 '삶'으로 건너가는 파스카 사건이 일어나게 되는 것이다.

7. 거룩한 독서, 그 토대와 실천

토대

지금껏 거룩한 독서를 위한 토대들을 간략하게나마 살펴보았다. 이제 성경을 기도하면서 읽는 교회적 방법인 거룩한 독서의 전통적이면서도 지극히 현대적인 특징을 짚어 보자.

거룩한 독서가 하느님 말씀을 귀 기울여 들으며 성경 장절들을 통해 말씀하시는 주님과 만나고 관계를 맺도록 해 주는 성경 독서란 사실에 대해서는 이미 말했다. 거룩한 독서는 성경을 영적으로 해석하고자 하는 것이다. 이 말은, 성령 안에서 성경을 읽어 나가는 수행에 입문하고 훈련해야 교회 안에서 하느님 말씀이 실제로 중심 자리를 차지하지, 그렇지 않고는 공허한 구호에 그치고 만다는 뜻이다.

거룩한 독서가 이미 유다교 안에서 형성되어 그리스도교 전통으로 계승된 기본 원리들을 다시 제창한다는 점에 대해서는 앞서 말한 바 있다.[1] 거룩한 독서는, 성경의 장절 앞에서 기도와 믿음의 자세로 성령께 활짝 마음을 열고 "바로 오늘 우리에게" 말씀하시는 하느님께 귀 기울이는 성경 독서다.

거룩한 독서에 대해 단계별로 설명해 준 바 있는 그리스도교 전통의 여러 도식들은 — 그중 각별한 설득력으로 다가오는 것이 카르투시오회원 귀고 2세가 제시한 '독서 – 묵상 – 기도 – 관상'의 도식이다[2] — '절대 타자'이신 하느님과 만나도록 이끄는 거룩한 독서를 위한 필수 입문으로 오늘날 재해석될 수 있다. 본문을 통해 말씀하시는 주님과 맺는 대화의 관계에 들어가고, 나아가 그분의 현존 아래 살아가기 위해 요구되는 몸과 정신의 수행으로 재해석될 수 있는 것이다.

이제 거룩한 독서의 여정에 대해 다시금 짚어 보기로 하자. 우선 성령께서 내려와 주시길 청하고, 다음으로 기도의 분위기를 가다듬는다. 그리고 성경 안에 계신다고 믿음으로 내가 고백하는 그리스도의 얼굴을 뵙고자, 나 자신에게서 빠져나오는 자세를 갖춘

◀1 5장의 각주 39 참조.

2 6장의 각주 5 참조. 거룩한 독서에 대해서는 엔조 비앙키 『말씀에서 샘솟는 기도』이연학 옮김 (분도출판사 2001) 참조; D. Barsotti, *La Parola e lo Spirito. Saggi sull'esegesi spirituale* (Milano: Or 1971); M. Magrassi, *Bibbia e preghiera* (Milano: Ancora 1974²); S.A. Panimolle et al., *Ascolto della Parol e preghiera. La "lectio divina"* (Città del Vaticano: Libreria editrice vaticana 1987) 등 참조. M. Masini, *Iniziazione alla "lectio divina". Teologia, metodo, spiritualità, prassi* (Padova Messageero 1988)의 참고 문헌에 소개된 책들도 참조.

다. 그런 다음 본격적으로 '읽기' 과정에 들어가는데, 무엇보다 먼저 본문을 객관적이고도 정확하게 이해하려고 노력해야 한다. 그리고 연속 독서의 원칙을 지켜서, 읽고 싶은 방식대로 읽는다든지 즉흥적인 선택을 한다든지 해서 본문에 일종의 폭력을 가하지 않도록 한다. 이 모든 것이 주관주의를 물리치고 "기록된 것"의 타자성을 존중하며 있는 그대로의 본문에 접근할 수 있도록 이끌어 준다. 그리하여 주님에 대해 이야기하는 그 본문에 대한 객관적 지식을 갖추고, 마침내는 그 본문을 통해 말씀하시는 주님의 현존을 알아채기에 이른다.

'묵상' 단계에서는 성찰과 연구를 통해 생긴 이런 지식이 심화된다. 성경의 메시지가 뚜렷이 떠올라, 독자, 즉 '듣는 이'에게 상처를 입히거나 위로를 주는 일이 생기게 된다. 그러나 이는 늘 십자가에 달려 죽었다가 부활하신 분이 드러나는 과정에서 생기는 일이다. 어떻든 이제 성경은 나를 향해 오는 '말씀'이 되고 나와 관련된 어떤 사건의 계시가 되어, "나를 사랑하시고 나를 위하여 당신 자신을 바치신"(갈라 2,20) 그리스도의 사랑을 드러내 보여 준다. 그러므로 '묵상'은 마치 수축과 이완 운동과도 같이, 본문을 자신에게 적용하면서 동시에 자신을 본문에 적용하는[3] 과정이라 할

---

3 이탈리아어 applicazione는 그 출처가 되는 라틴어 applicatio와 마찬가지로 '적용' 또는 '몰두 – 헌신'을 두루 뜻한다. 그래서 "본문을 자신에게 적용하고 자신을 본문(연구와 묵상에) 바치는"으로 번역할 수도 있다 – 역자 주.

수 있다.[4] 그리하여 마침내는 "성경으로 숨쉬는"[5] 경지에 이르게 한다. 이렇게 '묵상'은 개인과 공동체의 삶을 하느님과 그분 말씀 앞에서 읽고 심판하는 장소가 된다. 일상의 삶에서 하느님 말씀에 복종하며 살아 나가기 위해, 나 자신을 말씀의 까다로운 요구 앞에 세워 놓고 성찰하는 것이다.

이리하여 생각은 기도로 조율되어 통합되고, 한 인간으로서의 삶이 객관적으로 하느님 앞에서 펼쳐지게 된다. 구약성경의 개인 적 탄원 시편들에서 볼 수 있는 경우가 정확히 이와 같다. 거기서 시인은 억울한 제 사정을 판관이신 하느님께 보이면서 자기 상황 을 하느님 앞에서 읽고 있는 것이다. 나에게 주어진 한 말씀을 전 해 주는 성경 앞에서 대화가, 그러니까 '기도'가 시작된다. 이리하 여 하느님과 스스럼없는 관계로 들어가게 되는데, 성경은 우리를 바로 이 지점으로 이끌어 주는 것이다. 그리고 우리는 바로 이 지 점에서 계약, 다시 말해 저 '값진 은총'을 수용하게 되는 것이다.

믿음의 자세로 성령의 활동에 활짝 열린 채 성경에 다가가는 덕 분에, 기도는 독백이나 자기 관찰, 그리고 자기 행실을 윤리적으 로 살피는 일 정도에 그치지 않게 된다. 기도는 비로소 '상대방'을

---

4 "그대 자신을 온통 본문 (연구)에 바치고, (본문에 기록된) 일을 온통 그대에 게 적용시켜라"(Te totum applica ad textum; rem totam applica ad te): J.A. Bengel (1687~1752)이 1734년에 편찬한『그리스어 신약성경』서문에 쓴 말.

5 아타나시우스『아프리카 주교들에게 보낸 편지』4, PG 26,1036A.

얻고 그 현존 앞에서 벌어지는 일이 된다. 그리하여 '관상'으로, 다시 말해 나 자신 안에서 상대방의 이 현존이 모습을 드러내는 순간으로 이어진다. 이렇게 해서 나는, 내 몸과 내 삶이 그리스도께서 사람들에게 당신 자신을 드러내시는 투명한 통로가 되도록 부르심을 받았다는 사실을 깨닫게 된다. '관상'은 성경에서 드러났던 그리스도의 얼굴이 지금 바로 형제의 얼굴에, 그리고 역사와 온 창조계에 드러나 있다는 사실을 깨닫는 것이다. 이런 관상은 복음의 정신을 깊이 알고 그리스도와 함께 호흡하며 하느님의 시선으로 보게 될 때에만 가능하다.

요컨대 거룩한 독서는 영적 성경 해석으로서, 하느님께서 보내신 말씀으로 하여금 그 과정을 완결하시도록 허락해 드리는 일이다. 그리하여 종국에는 사람 안에 '성찬의 삶'["성찬적으로 되십시오" (콜로 3,15)][6]과 그 거룩함을 빚고 회개의 삶을 꽃피게 한다. 이것이 바로 말씀의 열매이면서 동시에 그 효력이기도 하다(이사 55,10-11 참조). 거룩한 독서는 성경을 읽는 사람의 전적인 헌신을 요청하며, 성찰과 자기 인식을 위한 사색의 능력도 요구한다. 그리하여 하느님 말씀 앞에 있는 그대로의 모습으로 서서, 그분과 맺는 이

---

6 『성경』에는 "감사하는 사람이 되십시오"라고 번역되어 있다. '감사'를 뜻하는 그리스어 *eucharistía*는 '감사의 제사' 곧 '성찬'도 함께 뜻한다. 우리말로는 대단히 어색하지만 형용사 *eucháristos*(본문에는 복수형 *eucháristoi*가 쓰였다)를 군이 '성찬적으로'라고 번역한 것은, 저자가 본문에서 '감사의 삶'이란 뜻도 포함하는 '성찬의 삶' (*eucháristoi ghínesthe*)에 대해 말하고 있기 때문이다 – 역자 주.

관계와 대화와 계약 안에서 자기 신원을 알아들을 것을 요구한다. 이 과정에서 내적인 변화와 삶의 변화가 필요한 것은 당연하다. 거룩한 독서는 '선택'을 배우는 장소, 영적 식별과 자기 제어를 배우는 장소가 되는 것이다. 우리는 행위와 일을 과감히 쇄신해 나갈 수 있으니, 거룩한 독서가 우리의 원의와 느낌과 내적 생활을 쇄신하게 해 주기 때문이다.

성경의 거룩한 독서를 통해 주님을 만나는 여정은, 타자를 만나는 일에 필요한 인간학적 여정과 근본적으로 다르지 않다. 자신에게서 빠져나와야 하고, 자기도취에서 벗어나야 한다. 타자에게 귀를 기울여야 하고, 타자의 내심內心, 그 정수를 포착하기 위해 그의 얼굴을 세심하게 살펴야 한다. 타자를 알아야 하고 그의 타자성을 존중해야 하며, 타자의 상대방인 자신을 있는 그대로 수용해야 한다. 이 모든 것이 자유와 사랑에 토대를 둔 진정한 인간관계에 접어들고 '친교의 모험'을 살아가기 위해 본질적인 요소들이다.[7]

이 모든 것에서 교회를 위한 숙제가 하나 탄생한다. 교회는 빵을 달라는, 말씀의 빵을 달라는 자녀들의 청을 거절할 수 없으니 이 빵을 쪼개어 주어야 한다는 것이다. 다시 말해, 살아가기 위해 필요한 음식이요 자양분으로서 성경을 전수해 주면서, 말씀으로 기도하고 성경을 읽으면서 말씀에 귀 기울일 줄 알도록 가르쳐야

---

7 E. Bianchi, *L'essere povero come condizione essenziale per leggere la Bibbia* (Bose: Qiqajon 1991) (Testi di meditazione 35) 참조.

한다는 것이다. 그리하여 성령 안에서 이루어지는 성경 독서의 예술로 인도해 주어야 한다는 것이다.

사실 신앙의 전수는 바로 성경의 전수다. "성경이 사람을 그리스도인으로 만들어 준다." 이 말은 아우구스티누스의 표현 하나를 살짝 비틀어 만든 말이다.[8] "이 땅에서 우리의 일용할 양식은 하느님 말씀이다. 이 말씀은 교회 안에서 늘 나뉘고 있다"[9]라고 말한 사람도 아우구스티누스다.

요컨대 성경의 신적이고도 인간적인 특성을 진지하게 알아들어야 한다는 것이다. 성경은 그 자신이 '기록'[10]으로서, 강생의 증언이라고 할 수 있다. 인간의 글자로 기록된 성경은 그리스도의 육신과도 비슷하게, 보이지 않는 영원한 로고스의 강생이라고 할 수 있기 때문이다.[11]▶

오늘날 성경 독서에서 우리는 과거 어느 때보다 성경이 간직한 지혜론적[12]▶ 측면과 '하느님 말씀과 사람의 말'이라는 이중적 특성을 잘 포착해서 전수해야 하며, 이 모든 것이 바로 하느님과 만나고 계약을 맺는 장소라는 사실을 드러내야 한다. 그리하여 이

---

8 J. Caillot, *L'évangile de la communication. Pour une nouvelle approche du salut chrétien* (Paris: Cerf 1989) 162.

9 아우구스티누스 『설교집』 LVI,6, 10(*Discorsi*, a cura di L. Carozzi [Roma: Città Nuova 1982] vil.II/I, 151).

10 'Biblia'와 함께 성경을 지칭하는 라틴어 'Scriptura'는 원래 '기록(의 행위와 방식)'을 우선 뜻하지만 '기록된 것'을 뜻하기도 한다 – 역자 주.

만남과 계약은 과거 한 백성에게만 생기고 만 일이 아니라 오늘도 모든 이에게 벌어지는 일이 될 수 있어야 한다.

그러므로 복음 선포는 영원토록 바로 '지금' 벌어지는 사건이란 사실을 유념하는 성경 독서가 필요하다. 복음 선포는 인간의 삶에서 원천이 되고 보편적인 것, 그리고 항구한 것이 무엇인지에 대한 이야기로서, 이미 창세기의 첫 부분에서부터 발견되는 것이다. 이런 독서는 모든 사람을 위한 구원자로 세상에 나타나셔서 살아가는 법을 가르쳐 주신(티토 2,11-12 참조) 그리스도의 빛을 받아, 예수님께서 사람이 되시고 "지혜와 키가 자라며 하느님과 사람의

◀11 이는 특히 오리게네스가 애용한 주제다. 그는 이렇게 말했다. "사람의 말은 원래 만질 수도 감각될 수도 없는 것인데, 책에 기록되면서 어떤 의미에서는 육신을 취한다고 할 수 있다. 하느님 말씀 역시 원래는 살도 몸도 없는 것이고, 그 신적 본성으로 말미암아 눈으로 볼 수 없는 것이다. 그러나 육신을 취하면서부터는 볼 수도 있고 기록할 수도 있게 되었다. '예수 그리스도의 족보'가 있는 것은, 말씀께서 육신을 취하셨기 때문이다"(『마태오 복음 강해 (8편)』). 또 이런 말도 남겼다. "성경을 어떻게 알아들어야 하는가 하면, … 말씀의 유일하고 완전한 몸으로 알아들어야 한다"(『필로칼리아』 「예레미아서 강해」 II, 2. *Homélies sur Jérémie* II, a cura di P. Nautin, SC 238 [Paris: Cerf 1977] 374 참조).

◀12 마땅한 번역어를 찾지 못해서, 평범하게 옮기자면 '지혜로운'이라 해야 할 'sapienziale'를 '지혜론적인'이라고 옮겼다. 성경의 전망에서 보자면 앎과 (사랑의) 체험이 늘 함께 가는 것이라서 '사랑하는(체험하는) 만큼 알게 되는 것'인데, 앎이 지닌 이런 특성을 그리스도교 영성 전통에서는 예부터 늘 '지혜론적이다'(sapientialis)라고 표현해 왔다. 'Sapientia'(지혜)의 동사형 'sapere'는 '알다'라는 뜻도 있지만 그보다 먼저 '맛을 내다'라는 뜻을 지닌다는 데서도 볼 수 있듯, 고대인들에게 '지혜'는 늘 '맛보는 것' 즉 체험과 관련된 것이었다는 점이 중요하다 – 역자 주.

총애도 더하여 간"(루카 2,52 참조) 성장의 여정에 대한 증언을 중심으로 조직되고 이루어진다. 그리하여 독자 역시 "충만함의 완숙한 경지"(에페 4,13)에 이르도록 인간적으로나 영적으로 성장해 나가게 이끌어 준다.

신적이고도 인간적인 말씀의 섬세한 균형을 유지할 줄 모르는 빈약한 성경 독서가 교회 안에 자리 잡고 있다는 사실을 감안하면, 성령 안에서 이루어지는 이런 독서의 필요성은 더욱 커진다. 빈곤한 성경 독서의 형태로는 대체로 다음과 같은 경향을 들 수 있다. 근본주의와 축자주의적 태도, 성경이 신심 깊고 깨우침을 주지만 인간의 저술이라고만 여기는 태도, 성경이 어떤 이데올로기가 득세한 순간에 형성된 문화적 산물일 뿐이라고 여기는 태도, 고대의 이단 마르키온처럼 특히 신약성경에 비해 구약성경을 평가절하하면서 성경 일체성을 와해시키는 태도 등이다.[13]

이런 병리 현상들이 그리스도 단성론과 네스토리우스주의 그리고 그리스도 가현설 등, 그리스도론과 관련한 고대의 이설異說들을 성경에 적용하는 것처럼 보인다는 사실은 의미심장하다.[14]▶ 문자에만 집착하는 '고고학주의'(archeologismo)와 영적 자기도취, 독자라는 주체('나')가 본문의 타자성을 존중하기는커녕 집어삼켜

---

13 이러한 견해들에 대해 성경이 제기하는 반론들을 다룬 글로는 M. Bellet, "Résistances àl'Écriture", in *Christus* 14 (1967) 8-22를 참조할 것. *Christus*의 이해 첫 호 전체 주제가 "성경 묵상"(Méditr l'Écriture)이었다.

버릴 정도로 나아가는 '흡수통일'식[15] 독서와 본문 자체가 지닌 초월의 의도를 깡그리 무시하는 역사주의적 독서 등의 위험 앞에서, 성경의 문학적 형태와 영적 내용 사이의 유기적 관계를 늘 유념해야 한다. 성경과 그리스도의 강생은 유비적 관계에 있다. 그리스도의 인간성을 부인하면 그분의 신성에도 다가갈 수 없는 것처럼, 성경의 경우도 마찬가지다.[16] 나아가 강생을 주재하신 성령께서는 성경 독서 역시 주재하셔야 한다는 점도 지적할 수 있다. 성령은 충만한 진리로 이끄시는 분이기에, 믿는 이가 성경을 깨닫도

◀14 단성론은 그리스도 안에 인성은 없고 신성뿐이라고 주장하는 것이다. 말하자면 그리스도는 인간이 아니라 하느님이기만 하다고 생각하는 태도다. 콘스탄티노플의 총대주교 네스토리우스는 바로 이런 단성론의 위험에 대응하면서 그리스도의 신성과 인성을 너무 분리시킨 나머지 그리스도 안에 두 주체(하느님과 인간)가 있는 듯한 인상을 주었다. 그리스도 가현설은, 영원한 로고스이신 그리스도께서 세상에 육신의 모습으로 나타나셨지만 참육신을 취한 것이 아니라 단지 껍데기로만, 말하자면 유령처럼 나타났다 가셨을 뿐이라며('가짜로 나타났다'고 보는 주장이기에 假顯說이라 부른다) 그리스도의 참된 강생과 인간성을 부인한다. 이 모두가 초세기의 그리스도론 이단들인데, 대체로 그리스도 안의 '인간'과 '하느님'의 절대적 공존 혹은 상생을 읽는 데 실패하고 신 – 인성 중 어느 한쪽으로 '흡수통일'하거나(단성론과 가현설의 경우 신성이 인성을 흡수하고, 아리우스의 경우는 반대로 인성이 신성을 흡수한다고 주장한다) 아니면 '분리 고착'을 유지함으로써(네스토리우스의 경우 신성과 인성의 분리) 문제를 쉽게 해결하려고 했다는 공통점이 있다. 저자는 이런 태도가 성경에 관해서도 적용되어 나타난다고 보고 있다 – 역자 주.

15 임의적이고 아전인수 격 본문 해석을 뜻한다 – 역자 주.

16 성경에도 역시 모종의 '인성'(문자와 역사의 차원)과 '신성'(성령의 감도와 현존으로 말미암은 영적 차원)이 있어서, 이 둘이 늘 살아 있는 긴장 관계를 유지해야 올바른 성경 해석이 가능하다는 취지다 – 역자 주.

록 이끌어 주실 수 있다. 다름을 존중하는 가운데 이루어지는 친교의 기준이 바로 성령이시다. 따라서 하느님 말씀을 사람에게 실어 나르고 전해 주는 '숨'이 바로 성령이시므로 말씀하시는 하느님께 응답하려는 마음을 사람 안에 일으켜 주시는 분도 성령이시다. 성령은 성경을 통해 하느님과 사람이 대화를 나눌 수 있게 하신다. 사실 성경 안에 계시는 같은 성령께서 독자를 감도해 주시면서 성경이 독자 안에서 자라나고 독자 역시 성경의 힘으로 자라나는 '시너지'를 창출하신다.

이렇듯 거룩한 독서가 삶과 신앙, 생활과 기도, 인간적인 영역과 영의 영역, 그리고 내면생활과 외적 행동 사이의 일치를 지향한다는 사실이 분명하다. 같은 맥락에서, 성경에 다가갈 때에도 거룩한 독서는 '지혜론적'이며 기도의 분위기에서, 다시 말해 신앙의 분위기에서 본문에 대한 연구와 비평적 분석을 통합하고자 한다.

실천

언제 그리고 어디서?

거룩한 독서에는 무엇보다 고독과 침묵의 장소가 필요하다. "숨어 계신 아버지"(마태 6,6 참조)를 찾고 그분께 귀를 기울이기 위해서다. 말씀을 듣는 자세를 갖추기 위해서는 마음의 귀를 멀게 하는 수많은 말들과 소음을 잠잠하게 해서 침묵과 고독의 단출한 공간으로 들어가야 한다. 그러기 위해 날마다 우리를 둘러싸고 있는 수많은 사람들과의 만남에서 거리를 두어야 한다. 권위 있는 말씀은 오직 침묵에서, 긴 경청의 여정에서, 그리고 묵상하고 생각하고 성찰하며 되새기는 능력에서만 솟아난다. 촛불을 켜고 성화(이콘) 앞에서 기도하는 것이 거룩한 독서에 도움이 될 수 있다. 주님과 만나는 데에 당연히 우리 몸도 한몫을 해야 한다. 거룩한 독서는 마냥 머리만 쓰는 일이 아니라 전 인격과 온몸으로 하는 일이기 때문이다. 그리고 거룩한 독서는 많은 일을 하는 중에 짬짬이 하기보다는, 하루 중 정해진 시간에 충실히 해 나가는 것이 좋다. 그 중요성을 고려할 때 독서 시간은 한 시간 정도가 마땅하겠으나 시간의 양보다는 매일 꾸준히 하는 자세가 열매를 맺는 비결이다. 사실 거룩한 독서를 위한 시간의 양은 각자의 생활 여건과 맡은 일에 따라 달라질 수밖에 없다.

거룩한 독서는 영적 식별 능력의 토대가 되는 '신앙 감각'을 길러 준다. 그리고 수행이기도 하다. 말씀의 씨앗이 땅에 잘 붙어서 뿌리를 내리기 위한 '내면화'의 노력이 필요하고, 반가이 듣긴 하지만 시간이 흐르면서 초심을 잃어버려 그만 헛일이 되지 않도록 '꾸준히' 해 나가야 한다. 나아가, 세상 욕망이라는 가시나무에 질식되지 않도록 말씀을 잘 건사해 나가는 '영적 투쟁'의 여정을 걸어야 한다(마르 4,13-20 참조). 이처럼 거룩한 독서는 하느님 말씀이 신앙인의 삶에 실제적이고 구체적으로 지배권을 행사하시도록 허용해 드리는 일과 다름이 없다. 여기서도 다시 한 번, 거룩한 독서가 그저 본문에 관한 연구에 그치지 않는다는 사실이 드러난다. 체질적으로 '지성적인' 이들은 거룩한 독서를 그저 지식과 아름다움을 즐기는 일 정도로만 생각할 위험이 있다. 사실 본문을 읽으면서 멋진 생각들이 톡톡 튀어 오르는 즐거움을 맛볼 수도 있고, 본문 속에 숨은 아름다움을 간파하면서 그만 탐닉에 빠질 수도 있을 것이다. 그러나 이렇게 되면 진정하고 깊은 수준의 영적 열매를 맺기는 불가능하다.

기도

그러므로 거룩한 독서는 침묵 중에, 자신에게서 빠져나오면서, 그리고 무엇보다 기도로써 준비해야 한다. 각별히 중요한 것은 성령께 내려와 주십사 기도하는 일이다. 바로 그분이 우리 마음의 귀를 열어 말씀의 이해력을 선사해 주신다. 다음으로, 성경을 통해 말씀하시는 주님께 귀를 기울이고 그분과 대화하는 분위기로 접어들기 위해 이른바 '경청 시편'(시편 119편)의 한두 구절을 읽으면 도움이 될 수 있다. 이 시편은 아가에 비길 빼어난 '사랑의 이중창'이라 일컬을 만하다. 이리하여 독자는 하느님 사랑을 체험하는 성사적 현장인 거룩한 독서로 점점 더 깊이 들어가게 된다.

독서

엄밀한 의미로 '거룩한 독서'가 시작되는 것은 독서의 순간부터라고 할 수 있다. 오늘날 읽는 일은 새삼 배우고 가르칠 필요가 있다고 생각한다. 특히 성경처럼 까다로운 책과 상호 관계를 맺는 법은 더욱 그러하다. 사실 거룩한 독서의 대상은 오직 성경뿐이다. 물론 그리스도교 전통에는 거룩한 독서의 폭을 더 넓게 받아들여서 예컨대 교부들의 책들도 그 대상이 될 수 있다고 여기는 경우가 있었다. 그러나 교회가 하느님 말씀의 성사처럼 여기면서 각별한 중요성을 부여한 책은 성경뿐이다. 게다가 이 독서가 '거룩한' 것이라면, 그것은 바로 성령의 영감으로 기록된 성경을 대상으로 하기 때문이다. 다른 책들(교부들의 책이나 전례서 등)은 성경 본문을 확장해서 적용하거나 주해할 때 사용할 수 있고, 또 '영적 독서'[17]의 대상이 될 수 있다. 그러나 '거룩한 독서'는 성경의 독서이다.

그렇다면 성경 가운데 어떤 본문을 읽을 것인가? 성경 안에서 한 권을 선택하여 쭉 읽어 나갈 수도 있고(매일 한 단락씩 이어서), 혹은 그날 전례에 나오는 성경 본문들(혹은 그중 본문 하나만)을 선택할

---

17 한국천주교주교회의에서는 lectio divina를 '영적 독서'라고 특정해 놓았지만 (『천주교 용어집』 개정 증보판 [2017³] 101 참조), 주지하다시피 이 말은 이미 20년 가까이 한국 교회에서 '거룩한 독서'란 말로 두루 통용되고 있다. 오래전부터 '영적 독서'(lectio spiritualis)는 성경이 아닌 영성 저술들을 대상으로 한 독서라고 이해하는 것이 일반적이었다.

수도 있다. 전자의 경우 선택한 그 책을 총체적으로 파악하면서 깊이 들어갈 수 있다는 이점이 있고, 후자의 경우 개인 기도와 전례 기도가 연결되어 하나가 다른 하나에 배어든다는 장점이 있다. 주일과 축일 전례 독서는 세 독서 모두가, 혹은 적어도 구약성경에서 뽑은 제1독서와 복음이 내용상 서로 연결되어 있다는 점에서 대단히 풍요롭다. 반면 평일의 전례 독서는 독서들 사이의 이런 통일성이 없지만, 어떻든 전례 독서의 본문으로 거룩한 독서를 실천하는 일은 영적으로 유익하다. 바로 오늘 맞이하는 전례 시기와 부합하는 성경 본문이기 때문이다.

성경 지식이 거의 혹은 전혀 없는 독자의 경우, 단순하면서도 본질적인 본문에서 시작해서 점차 성경의 세계로 들어가는 과정을 거친다면 좋을 것이다. 예컨대 마르코 복음서에서 시작해서, 탈출기 1–24장으로 이어졌다가 사도행전으로 들어서고, 그런 후 예언서 중 하나를 읽는 식이다. 다니엘서나 로마서, 갈라티아서, 히브리서, 묵시록 같은 책들은 나중에 성경의 세계에 좀 더 익숙해진 후에 읽으면 좋을 것이다.

본문을 앞에 두고 드디어 읽기를 시작하는 순간이 왔다. 본문을 여러 차례 읽는다. 네 번도 좋고 다섯 번도 좋다. 이미 익히 아는 본문이라 본문에 지긋이 머물지 못하고 피상적으로 읽고 말 위험이 있다. 그러면 본문의 풍요로움에 다가가지 못한다. 이 경우 본문을 필사하는 것이 도움이 될 수 있다. 필사는 집중력을 더해 주어 본문에서 이전에는 그냥 흘려버린 측면들을 포착하게 해 준다. 히브리말이나 그리스말을 아는 독자라면 성경을 원문으로 읽는 것도 좋다. 아무리 번역이 훌륭하다 하더라도, 참으로 풍성한 원문의 뜻을 놓치는 부분도 있고 애매하게 만드는 경우도 있다. 원문 독서는 원문이 지닌 원래의 풍요로움을 잘 포착할 수 있게 한다. 어떻든, 승인받은 성경 번역본이나 역본 대조가 거룩한 독서를 시작하는 튼튼한 토대를 마련하기 위한 중요한 요건 중 하나다. 영적으로 도움을 받을 수 있는 자료들도 있는데, 기본적인 것으로 성경 용어 색인을 들 수 있다. 복음서를 읽는 경우라면 네 복음서 대조가 도움이 된다.

묵상

여기서 말하는 묵상은 로욜라의 이냐시오식으로 주로 자기 내면을 살피는 묵상도 아니고, 심리학적 자기분석도 아니다. 단지 읽은 본문의 의미를 심화하는 것이다. 이 심화 과정에서 학문적 도구와 참조 도서의 도움을 받을 수도 있다. 그러니까 성경 관련 사전이나 주해서 등을 참조할 수 있다. 물론 거룩한 독서를 성경 본문에 관한 연구와 혼동할 수는 없다. 그러나 연구 역시 거룩한 독서에 통합될 수 있고, 통합되어야 마땅하다. 사실 본문의 타자성을 극복하는 일, 다시 말해 아주 오래전에 지금과는 아주 다른 문화와 언어에서 탄생한 본문과 우리 사이의 거리를 극복하는 일은 학문적 연구의 몫이다. 본문에 깃든 이 타자성을 진지하게 받아들이지 않으면 주관주의의 위험에 빠지고, 본문과는 전혀 관계 없는 이야기를 본문에서 끄집어내기 십상이다. 그래서 말씀에 순종한다는 것이 중요하다. 어떤 경우에도 말씀을 임의로 조작해서는 안 된다. 그러므로 성경 본문의 타자성을 존중하려는 이 마땅한 자세를 두고 '지성주의'니 "순전히 학문적일 뿐"이니 하는 딱지를 붙이며 비난하는 자세도 내려놓아야 한다. 심화 과정에서 필수적인 학문 연구의 요소를 거부함으로써 개인이나 공동체는 변질과 퇴락의 길을 자초하게 된다. 어떻든, 성경 본문을 더 잘 이해하기 위해 무슨 책을 참조하든, 가장 풍성한 결실을 내는 것은 결국 개인의 노력이라는 점을 유념해야 한다.

'묵상'에서는 본문이 지닌 신학의 정점, 다시 말해 그 메시지의 고갱이를, 혹은 적어도 본문의 중요한 측면을 이해하려고 애써야 한다. 이리하여 독자와 본문은 대화를 나누기 시작하고, 독자의 삶과 본문의 메시지가 상호작용의 관계에 들어가기 시작하는 것이다. 그리고 바로 이 대목에서 기도가 솟아 나오기 시작한다.

기도

독자와 본문 사이에 형성되는 대화의 움직임은 마침내 믿는 이가 하느님께 직접 말을 걸며 다가가는 기도의 대화가 되기에 이른다. 이를 위해 성령께, 그리고 들은 말씀에 유순히 열려 있는 마음이 되어 있어야 한다는 것 말고는 구체적으로 달리 더 설명할 말이 없다. 사실 말씀이야말로 우리 마음 안에서 기도를 빚어 주시는 주역이시다. 이 기도는 타인을 위한 기도가 될 수도 있고, 감사나 간청이나 청원으로 표현될 수도 있다. 혹은 단순히 흠숭의 침묵으로 표현되기도 하고, 회개에서 솟는 기쁜 눈물로 드러나기도 한다. 그러나 거룩한 독서는 더러 사막과도 같이 메마르게 체험될 수도 있다는 사실을 기억해야 한다. 본문에 다가가려는 우리의 노력을 본문이 거부하는 것 같은 느낌도 받을 수 있고, 말씀이 끝내 침묵을 지키실 수도 있으며, 우리 마음에서 기도가 절로 솟아나지 않을 수도 있다. 이 역시 참된 관계라면 어디서나 다 생기는 일이다. 주님과 맺는 관계에서도 이런 순간들이 면제되지 않는다. 주님께서는 우리가 사막으로 나가 당신을 만나라고 불러 주신다. 그러나 사막이 만남의 현장이기는커녕 척박하고 힘겹기 이를 데 없는 장소로만 체험되는 때도 있다. 그러나 그런 순간에도 충직하게 버티고 머물면서 무기력한 몸을 침묵의 기도로 봉헌해야 한다. 기도하고 싶은 마음만 남은 상태라 해도 주님께서는 알아보신다. 어떻든 거룩한 독서에서 하느님 말씀으로 꾸준히 기도하는 일의 효력은 긴 호흡으로 드러나는 것임을 기억하자. 귀 기울여 듣는 훈련은 신앙인의 마음에 주님을 모시기 위한 여백을 창조해 준다. 마음에 받아들인 말씀은 믿는 이를 하느님의 아들로 다시 낳아 주고(요한 1,12 참조), 관상의 능력을 갖추게 해 준다.

관상

　관상이야말로 이 여정의 마지막 '계단'이다. 믿는 이는 하느님 현존이 자기를 방문해 주심을 느끼게 되고, 그분이 내주內住하실 때에 "형언할 수 없는 기쁨"(1베드 1,8)을 맛본다. 클레르보의 베르나르두스는 이 체험에 대해 이렇게 표현하고 있다.

> 말씀이 저를 방문해 주셨음을, 그것도 여러 번 그리하셨음을 고백합니다. 당신께서는 참으로 자주 제 안에 들어오셨는데 저는 눈치도 채지 못했습니다. 현존하고 계심을 느끼고 있었고, 오셨음을 기억도 하고 있습니다. 더러는 그분의 방문을 예감하기도 했지만 바로 느끼지 못한 때도 있었습니다. 당신께서 떠나셨다는 것을 느끼지도 못했으니, 어디서부터 들어오셨는지, 저를 다시 홀로 내버려 두고 또 어디로 떠나셨는지, 어디로 해서 들어오고 나가셨는지 지금도 저는 모른다고 고백할 수밖에 없습니다. 성경에 기록된 바와 꼭 같습니다. "어디서 와서 어디로 가는지를 모릅니다"(요한 3,8).

관상은 어떤 탈혼의 경지를 뜻하는 것도 아니요 '환시' 같은 것을 보는 것도 아니다. 그것은 사람의 시선이 점차 하느님의 시선을 닮아 가게 된다는 것을 뜻한다. 그리하여 감사와 연민의 마음, 식별력과 '넓은 마음', 참을성과 평화를 갖추게 된다는 것을 뜻한다.

말씀이 성찬을 지향하듯, 거룩한 독서 역시 사람을 점차 성찬의 인간으로 빚어 나간다. 그리하여 사람은 감사하고 거저 베풀 줄 알게 되며, 타인 안에서 또 삶의 여러 상황에서 주님의 현존을 식별할 줄 알게 된다. 나아가 사랑의 인간, 아가페의 능력을 갖춘 인간이 된다. 결국 거룩한 독서는 삶의 현장으로 뻗어 나가며, 그 풍요로움을 사람의 구체적인 삶에서 드러낸다.

거룩한 독서는 이렇게 기도에서 시작해서 기도로 끝나는 하나의 '비유'를 나타낸다. 이 비유는 성령의 청원이라는 샘에서 솟아 흐르고 흘러, 이윽고 관상과 감사와 찬미라는 바다에 이른다.

8. 거룩한 독서의 도전

하느님 말씀에 새롭게 귀 기울이지 않는다면 이러한 성덕과 기도의 으뜸가는 중요성은 물론 상상할 수도 없습니다. … 특히 하느님 말씀 듣기는, 오래되었지만 언제나 유효한 전통인 렉시오 디비나를 통하여 생명을 주는 만남이 되어야 합니다. 렉시오 디비나는 우리의 삶에 의문을 제기하고 우리 삶을 인도하고 형성하는 생명의 말씀을 성경 본문에서 이끌어 냅니다.[1]

세 번째 천년기를 시작하면서 신자 전체를 향해 쓴 이 교서는 사도좌에서 나온 문서로서는 처음으로 거룩한 독서(렉시오 디비나)를 언급하면서, 이것이 모든 그리스도인의 영적 생활에 풍요로운 도움을 주는 실천이라고 말하고 있다. 요한바오로 2세는 여기서 거룩한 독서를 강한 어조로 추천하고 있는데, 이는 대단히 시기적절했음이 드러나고 있다. 사실 오늘날 성경이 가톨릭교회의 삶에서

---

1 요한바오로 2세 『새 천년기』 39.

다시금 중심적 역할을 하게 되었다는 사실, 그리고 이 사실이 지니는 중요성에 대해서는 얼마든지 확인이 가능하다.

성경과 소원한 상태로 여러 세기를 보낸 후, 몇십 년 전부터 가톨릭교회의 신앙인들은 성경을 재발견하게 되었다. 성경과 직접 접촉하는 법을 잊고 지냈고, 그 결과 신앙생활과 세상 안에서 삶으로 증언하기 위해 성경을 일용할 양식으로 삼지도 못했던 우리 신자들이었다. 물론 그동안 가톨릭교회가 하느님 말씀으로 살아가기를 잊은 것은 아니었다. 예컨대 특히 전례에서 그러했다. 그러나 개인과 교회 공동체들의 신앙을 양육할 수 있을 정도로 말씀을 듣고 거행하고 묵상하며 지켜 왔다고는 볼 수 없을 것이다.

오늘날 교회의 심장부에 다시 자리를 잡게 된 성경은 긴 세월 동안 막혀 있어 완전히 퇴화되었던 흐름을 다시 터놓았다. 성경을 다시 부지런히 찾아 읽게 된 덕분에 그리스도인은 자기의 신앙을 양육하고, 세상 사람들 사이에서 그리스도인의 자리가 어디여야 하는지 알아보는 법을 익히게 되었다. 특히 그리스도께 대한 그 지식, 그러니까 성숙한 신앙인의 신앙으로 인도해 주는 그 하느님 신비의 흐름에 온전히 잠겨 들 수 있게 되었다. 오늘날 강론, 특히 전례에서 행하는 강론의 경우 성경에 충실하게 토대를 두고 하느님 말씀을 그리스도교 공동체 안에 울려 퍼지게 하고 있다. 과연 하느님 말씀은 자기 갈 길을 가고 있는 중이다. 바오로 사도가 기도해 달라고 말하며 바라던 바와 같이, "주님의 말씀이 빠르게 퍼져 나가고" 있는 것이다(2테살 3,1 참조). 오늘날 하느님 말씀에 대한 목마름과 깊은 열망이 여기저기서 드러나고 있다. 특히 라틴계 나라들에서 그러하다.

나는 제2차 바티칸 공의회의 가장 뚜렷한 결실 가운데 하나가 하느님 말씀을 그분 백성에게 되돌려 준 일이라고 확신한다.[2] 그럼에도, 공의회가 끝난 지 40년이 훌쩍 지난 지금도 여전히 갈 길이 멀다. 무엇보다 중요한 것은, 특히 거룩한 독서를 통해서 부지런히 성경을 읽고 말씀에 친숙해지는 일에 뒤따르는 결과를 충분히 의식하는 일이다. 다음은 그중에서 몇 가지만 강조해 본 것이다. 이에 대해서는 이미 따로 글을 발표한 적이 있다.[3]

부지런히 성경 읽기

성경이 교회 삶의 몇몇 영역(전례, 사목, 교리 교수)에서 중심적 역할을 다시 맡게 되었다고 말할 수 있다고 하더라도, 신자들 개개인의 삶에서까지 그러하다고는 말할 수는 없다. 가톨릭교회의 신자들이 매일 성경을 주의 깊게 읽는다고는 분명하게 말할 수 없다.

---

2 E. Bianchi, "La centralità della parola di Dio", 159-187 참조.

3 같은 저자, *Dall'ascolto della Parola alla preghiera liturgica*; 같은 저자, *L'essere povero come condizione essenziale per leggere la Bibbia*; 같은 저자, "Lectio Divina et vie monastique", in *La Vie Spirituelle* 714 (1995) 145-159.

물론 지적인 측면에서 더 잘 준비되었기에 성경의 중요성을 더 잘 의식하게 된 사제, 수도자, 평신도 들도 있고, 성경 독서에 토대를 둔 영성을 중시하는 교회 운동들도 있는 것이 사실이다. 그러나 신자들 대다수가 성경과 직접 접촉하지 않는다는 것이 현실이다. 물론 가정마다 성경이 있긴 하지만 기껏 서가 장식용에 지나지 않는 경우가 참 많지 않은가. 정작 하느님 말씀을 듣고 기도하려고 성경을 펼치는 일은 드물다고 해야 할 것이다. 심지어 어떤 경우에는 열심한 성경 독서를 미심쩍게 여기기도 한다. 가톨릭교회 전통에 낯선 관습이라고 보는 것이다. 그뿐 아니라 어떤 사제들의 경우 자기들이 제대로 양성되지 않았기에 신자들에게 이런 방식으로 성경을 읽으라고 권하지 못하는 현실, 그 결과 무엇보다 제대로 된 성경 교육을 신자들에게 제공하지 못하는 현실도 장애의 한 요소다.

그러나 각자가 성경을 깊이 읽는 일은 오늘과 같이 다원적이고 각양각색인 다종교 다문화 사회에서 특히 중요하다. 이런 분위기에서 그리스도인들은 오늘날 동질적인 공동체가 되지 못하고 있을 뿐 아니라 디아스포라 상황에 처해 있는 징후가 점차 더 분명해지고 있다. 신앙이 깊고 든든히 뿌리내리기 위해서는 영성 생활의 살아 있는 원천인 성경에 더 항구하게 머물며 친숙해져야 한다. 대개 어디를 가든 매일미사 참례자 수가 줄어드는 현상이 보이고, 심지어 아예 없는 경우도 있다. 그 결과, 그리스도인은 신앙을 위한 양식으로 자기가 직접 성경 말씀에 귀 기울여야 했다. 공동체 생활도 그 강도가 이전 같지 않아 그리스도인의 신앙을 빚어 나가고 세상 안에서 신앙을 실천하도록 돕기에는 역부족이다. 그러므로 영적 양식을 제공해 주고 행위의 규칙을 발견하게 해 주며 시대의 표징을 식별하고 기도하게 해 주는 것은 바로 성경 안에 간직된 하느님 말씀뿐이라고 할 수 있다.

오늘날 사람들은 기도를 하느님과 나누는 대화라기보다는 그분 앞에서 하는 묵상이라고 생각한다. 이런 시대에 성경에 귀 기울이고 묵상하도록 돕는 방편들이 있다면 그것은 구체적으로 무엇일까? 개인의 차원에서 기도하고 묵상하면서 성경에 접근하는 자세는 미래 세대에 신앙을 전수하기 위해 참으로 중요하다. 유다교는 디아스포라 상황에서 신앙이 살아남는 방식이 무엇인지를 보여 주었다. 그것은 성경을 열심히 읽고 성경과 친숙해지는 일이었고, 그 귀결은 '안식일을 거룩히 지내는 것'이었다. 2001년에 열린 유럽 주교회의에서 당시 추기경이던 요셉 라칭거는, 오늘도 성경을 열심하고 충실히 읽으면서 신앙 감각이 자랄 수 있다는 사실을 각별히 강조했다. "저는 거룩한 독서가 신앙 감각을 형성하는 토대가 된다고 생각합니다. 그러므로 거룩한 독서야말로 신앙의 스승인 주교에게 가장 중요한 임무가 될 것이라고 확신합니다."[4]

---

4 J. Ratzinger, in *Consilium conferentiarum Episcoporum Europae* (Roma 2001) (필자 개인 소장).

거룩한 말씀은 읽는 이와 함께 자란다

주님 말씀은 공동체를 형성해 준다. 동시에 신앙인 개인의 삶도 형성해 준다. "하느님의 말씀은 더욱 자라나, 예루살렘 제자들의 수가 크게 늘어났다"(사도 6,7 참조)고 표현한 루카의 말을 인용할 수도 있겠다. 과연, 하느님 말씀이 퍼져 나갈 때 '자란다'고 말할 수도 있으리라. 같은 맥락에서 이런 표현도 보인다. "하느님의 말씀은 자라고 더욱더 퍼져 나갔다"(사도 12,24). 요컨대, 공동체의 성장은 말씀의 성장을 드러내 보여 주는 것이다. 공동체는 하느님의 효력 있는 말씀이 맺는 열매이기도 하지만, 특히 이 말씀이 실천되는 현장이기도 하기 때문이다. "성경이 그리스도인들을 만든다"는 말이 사실이라면, "거룩한 말씀들은 읽는 이와 함께 자란다"[5]는 말도 사실이다. 이 말은, 교회로서 성경을 읽을 때[6] 하느님 말씀은 자란다는 것이고, 교회의 삶 자체가 성경 해석의 살아 있는 원천이 된다는 뜻이다.

이런 이유로, 특히 거룩한 독서의 방식으로 성경을 열심히 읽는 일은, 본당이나 그리스도인 단체를 막론하고 개인과 공동체 차원

---

5 "Divina eloquia cum legente crescunt"(대 그레고리우스 『에제키엘서 강해』 I,17,8, 214-215); P.C. Bori, L'interprétation infinie. *L'herméneutique chrétienne ancienne et ses transformation* (Paris: Cerf 1991) 참조.

6 단순히 개인의 자격으로가 아니라 교회 공동체라는 '몸'의 유기적인 부분으로서 성경을 읽는다는 말이다.

에서 동시에 진행되어야 한다. 수도원들에서 대개 그렇게 하고 있 듯이 말이다. 가령 주일미사 전례의 준비로 거룩한 독서를 다 함 께 하고, 강론은 이 거룩한 독서의 결론 구실을 해 준다고 가정해 보자. 이 얼마나 의미심장한 실천이 될 것인가. 거룩한 독서를 공 동체 차원에서 함께하는 것은 오늘날 비교적 드문 일이 되었는데, 이 공동체적 실천이 널리 퍼졌으면 한다. 이 방면에서 노력을 더 해야 마땅할 것이다. 이런 거룩한 독서가 결실을 맺을 수 있도록 새로운 실천 방식을 찾아 실천하는 용기가 필요하다.

그뿐 아니라 공동체는 성경과 분리할 수 없는 관계에 있음을 늘 유념해야 한다. 성경은, 그것을 읽는 공동체 없이는 아무것도 아 니다. 그리고 공동체 역시 성경 없이는 존재할 수가 없다. 성경 안 에서 자기 정체성과 부르심을 발견하기 때문이다.[7] 그래서 클레르 보의 베르나르두스도, 공동체는 성경의 거울이요 성경은 공동체 의 거울이라 했다.

말씀과 역사

마지막으로 하느님 말씀과 역사의 상관관계를 살펴보도록 하자.

---

7 E. Bianchi, *La Parola costotuisce la comunità* (Bose: Qiqajon 1993) (Tesi di meditazione 49) 참조. '듣기'와 공동체의 관계에 대해서는 G. Lafont, *Dieu, le temps et l'être* (Paris: Cerf 1986) 126을 비롯한 여러 곳을 참조할 것.

이 문제를 다루기 위해, 과연 성경을 어떻게 읽을 것인지에 대해 분명히 짚고 넘어가야 한다. 이를 위해 성경 독서의 세 가지 '유혹'을 규명하는 것이 도움이 될 것이다.

먼저 '근본주의'의 유혹이 있다. 근본주의는 성경 연구의 노고와 인내는 물론 역사 비평 분석이나 다른 주석학적 방법론, 성령께서 이끌어 주시는 해석학 없이도 얼마든지 하느님 말씀을 알아들을 수 있다고 주장한다. 앞서 언급한 교황청 성서위원회가 근본주의에 대해 내놓은 평가를 기억하면 도움이 될 것이다. "근본주의는, 하는 말에서 명확히 드러나진 않지만 사실상 생각의 자살로 이끈다."[8]

다음으로 '영성주의'의 유혹이 있다. 영성주의는 문자 그대로의 의미를 밝히기 위해 씨름하지 않고서도, 다시 말해 인간의 말로 이루어진 성경 본문의 '껍질'을 벗겨 내려는 수고 없이도 메시지에 바로 도달할 수 있다고 믿는다. 이런 유혹으로 위험은 더 커진다. 바로 주관주의에 빠질 수 있다는 위험인데, 이런 태도는 하느님 말씀의 뜻을 임의로 지어내거나 성경 본문을 그저 심리적이나 감성적인 내적 상태를 만들어 내는 도구로 사용한다.

마지막으로 역사에만 머무르려는 유혹이 있다. '기록된 것'의

---

8 Pontificia commissione biblica, *L'interpretazione della Bibbia nella chiesa*, 1635, nr.2980.

분석에만 머물고 그 메시지에는 관심이 없는 태도다. 이 경우의 위험은 성경 독서를 '의미'라는 문제와 분리시킨다는 데 있다.

이 세 가지 유혹은 우리가 성경에 다가갈 때 동시에 견지해야 하는 쌍방향의 노선을 염두에 두지 않을 때 생긴다. 하나는 성경에서 삶으로 다가가는 노선이고(루카 4,16-30 참조), 다른 하나는 삶에서 성경으로 다가가는 노선이다(루카 24,13-35 참조). 그리스도인 공동체들은 분명이 전자를 더 많이 사용하고, 사실 그게 옳은 일이다. 전자를 더 중요하게 생각하는 것은 공동체를 향한 하느님 말씀의 통치권을 인정해 드리는 것이다. 말씀은 영감을 주고 순종하게 하며 신앙을 촉진한다. 그러나 역방향의 노선도 따라야 한다. 이를 위해서는 살면서 겪는 사건들에 민감하게 깨어 있어야 하고 상황을 잘 분석해야 한다. 그래서 바로 이 상황에서 내가 어떤 부르심을 받고 있는지, 시간과 공간 안에서 어떤 표징이 주어지는지 식별할 수 있어야 한다. 물론 성경을 읽는 이 두 번째 접근 방식에는, 하느님 말씀을 수단으로 삼아 이데올로기적인 어떤 선입견 따위의 버팀목으로 만들어 버릴 위험이 있다. 이 경우 말씀은 더 이상 시대의 표징을 식별하게 해 주는 기준이 되지 못한다. 오히려 편향적인 해석의 대상으로 전락하고 만다. 그럼에도 삶에서 성경으로 다가가는 이 여정을 걸어가야 한다. 그리하여 오늘 세상에서 신앙의 살아 있는 증언을 내놓을 수 있어야 한다.

거룩한 독서를 가로막는 장애들

지금까지 성경을 열심히 읽으며 거룩한 독서를 해 나가는 여정에서 맞닥뜨리는 도전들이 무엇인지 아주 간략하게나마 열거해 보았다. 이제 거룩한 독서를 실천하는 데 장애가 되고 문제를 일으키는 몇 가지 사항에 대해 살펴보기로 하자.

제2차 바티칸 공의회 폐막과 더불어 가톨릭 신자들의 일상이 성경으로부터 차단되어 있던 시기도 끝났으며, 그 이후 수십 년이 지났다. 그때부터 거룩한 독서가 신앙을 양육하고 자라게 하는 성경 읽기의 교회적 형태란 사실을 간파한 개인과 단체들이 이 방식으로 성경을 읽는 법을 배우고 실천해 왔다. 시간이 흐르면서 초창기의 열성은 식고, 대신 성경 읽기를 통해 하느님 말씀에 귀 기울이는 매일의 여정에서 수고와 어려움을 의식하게 되었다.

교회의 결과제일주의

거룩한 독서의 실천이 교회 안에 더 퍼져 나가고 뿌리내리지 못하는 첫째 이유는 본당과 지역 교회들이 신앙을 살고 키워 주는 본질적 임무보다는 사회 활동과 자선 활동을 비롯하여 많은 사목 활동을 더 중요하게 생각하기 때문이다. 더 구체적으로 말하자면, 내적 생활로 입문시켜 주고 개인 기도와 영적 투쟁에 대해 가르쳐 주며, 성경 특히 복음서를 통해 그리스도교 신앙의 핵심인 예수 그리스도에 관한 지식을 얻게 해 주는 일 등을 우선으로 삼고 있지 못하다는 말이다. 오늘날 '교회 생활'과 '영성 생활'이 동떨어지게 된 현상은 거룩한 독서에서도 장애가 되고 있다. 이런 분위기에서 거룩한 독서는 이해할 수 없거나 해야 할 여러 가지 일들 중 하나 정도로 받아들여진다. 이런 식으로 거룩한 독서는 성경 전문가 그룹이나 성경 봉사자들에게만 맡겨지고, 교회 생활의 자극제가 되거나 쇄신하는 역할은 요원한 일이 되고 만다. 그러나 성경에 맞갖은 공간을 부여할 줄 모르는 교회는 소집된 공동체인 '교회'로 살아가라는 본연의 부르심을 희석시켰다고 해야 하지 않겠는가? 다시 말해 이런 교회에는 성찬 전례를 통해 선포되는 하느님 말씀으로 소집된 회중으로 살라는 소명이 흐릿해져 버렸다고 해야 하지 않겠는가? 사실 성경과 교회 사이에는 밀접하기 그지없는 상호 관계가 존재한다. 그래서 성경에 다가가는 자세는 교회론에 깊은 영향을 미치고 교회 본연의 모습을 드러나게 한다.

신앙에 대한 무지

'교회 생활'과 '영성 생활' 사이의 이 간극과 관련된 문제이기도 한데, 신앙에 관해 신자들이 점점 무지해지고 있는 현상을 지적할 수 있다. 이는 아마도, 문화 자체가 그리스도교 신앙의 말과 몸짓에 젖어 있던, 이른바 '그리스도교 세계'의 시대가 끝나면서 치러야만 했던 대가일 것이다. 나아가 이것은 어쩌면 오늘날 교리교수의 상황이 심각하기 이를 데 없을 정도로 황폐해진 것과도 관계가 있을 것이다. 그리스도교 신앙 양성이 무시무시할 정도로 어려움을 겪고 있는 것이 부인할 수 없는 현실이다. 주일미사에 꼬박꼬박 다니는 이조차도 그리스도교 신앙 양성의 초보적 단계에 머물러 있는 경우가 많다. 우리는 가히 신앙의 문맹이라 할 상황에 직면해 있다.

이 모든 것이 거룩한 독서의 실행을 어렵게 한다. 특히 성경을 읽으며 하느님의 현존과 인격적 관계를 맺으면서 신앙으로 성경에 접근하는 태도를 함양하는 데 장애가 된다. 그럼에도, 흔히 생기는 일이지만, 장애 혹은 위기 상황은 기회가 되기도 한다. 아마도 성경, 특히 복음서들이야말로 교리 교육과 복음 선포, 그리고 신앙의 전수를 위한 최상의 도구로 받아들일 수 있을 것이다. 그렇게 되면 새로운 세대는 더 성경적이고 더 그리스도 중심적이며, 그리고 아마도 더 자유로운 신앙으로 양성될 수 있을 것이다. 그리하여 복음의 뿌리와 예수님의 삶에 더 단순하고도 직접적인 방식으로 접촉하게 될 수 있을 것이다. 이런 상황이라면 거룩한 독서는 자연스레 기도의 당연하고 필수적인 형태로 받아들이게 될 것이다. 구체적으로 말하자면, 마르코 복음서는 그리스도를 아는 지식의 여정에 입문하고 그분을 뒤따르는 일이 요구하는 바를 감당하는 법을 가르쳐 줄 것이다. 마태오 복음서는 교회 생활에 입문시켜 줄 것이다. 그런가 하면 루카 복음서는 성령의 인도를 받는 삶으로 들어서서 복음서의 빛으로 일상을 살도록 가르쳐 줄 것이다. 마지막으로 '영적 복음서'라 일컫는 요한 복음서는 영적 생활과 신앙의 성숙으로 인도해 줄 것이다.

독서의 어려움

지금은 "고전적인 책읽기"[9]가 위기를 겪고 있는 시대다. 정보에 무한정 접근할 수 있는 특전이 그만 '정보력의 신화'로 고약하게 변질되어 버렸다. 많은 이들이 신문과 잡지를 읽으면서 다양한 주제에 대해 가능한 한 많은 정보를 모은다. 그러나 정작 그렇게 해서 자기가 알게 된 바로 그 다양하고도 독특한 상황들의 진행 과정을 정말 제대로 좇아가지는 못하고 있다고 해야 할 것이다. 이런 종류의 독서는 범위는 넓지만 깊이가 결여되어 있다. 질보다는 양에 승부를 건다. 실시간으로 포착해야 할 '정보'의 제단에 '지혜'는 희생양으로 바쳐진다. 대다수는 이런 정보들을 비판적으로 습득하면서 걸러 내는 능력도 없다. 이리하여 책은 사람의 일상생활에서 점점 더 쫓겨나게 된다. 게다가 독서는 시간이 필요하고 더딘 일이다. 그러나 현대인은 시간이 없고 늘 바쁘다. 텔레비전이 곳곳에 거미줄처럼 퍼져 있고, 이미지와 시각적 의사소통이 주류

---

9 I. Illich, *Du lisible au visible: la naissance du texte. Un commentaire du "Didascalicon" de Hugues de Saint-Victor* (Paris: Cerf 1991) 9.

가 되어 버린 지금, 책읽기처럼 노력이 더 요구되는 일은 뿌리를 내리기가 점점 어려워졌다. 그래서 지적 게으름이 조장되고, '내면적 식민지화 현상'이 가속화된다. 다시 말해 생활의 내면적 영역이 사라져 버려 사람은 점점 수동적인 자세를 취하고, '창조'하기보다는 '소비'하며 살게 된다. 그러나 책, 특히 위대한 문학의 소산인 책이야말로 "인간생활의 정수요 상징"이며, "삶이 요약되는 원초적 형태"[10]란 사실을 이해할 때, 책읽기의 영적 속성 또한 비로소 이해할 수 있게 된다. 책읽기는 사실 삶의 의미와 관련된 것이며, 읽는 이의 내면적 삶을 자극하고 생기 있게 해 주어 마침내 전인적 헌신으로 이끄는 '사건'이다. 우리는 깊이 사색하고 성찰하기 위해, 그리고 우리보다 더 독창적이며 천재적인 인격체와 만나기 위해 책을 읽는다. 우리는 본문 앞에서 우리 자신을 이해하기 위해 책을 읽는다. 결국 독자와 저자는 같은 인간성을 공유하기 때문이다.[11] 그래서 폴 리쾨르는 다음과 같이 참으로 적절한 말을 남겼다.

> "나는 생각하기에 존재한다"는 데카르트주의 전통과도 반대되고, 인간은 순식간의 직관으로 자신을 아는 인식 주체라는 주장과도 반대되는 이야기지만, 사실 우리가 우리 자신을 이

---

10 R. Guardini, *Elogio del libro* (Brescia: Morcelliana 1993²) 40.46.

11 H. Bloom, *Come si legge un libro (e perché)* (Milano: Rizzoli 2000) 13-25.

해할 수 있는 것은 인류가 인문적 작품들 속에 남겨 놓은 위대한 증언들을 통해서다. 만일 문학이 사랑과 미움이라든지 윤리적 감정, 그리고 일반적으로 우리 인성을 형성하는 모든 것들에 대해 명확하고 섬세히 정돈된 언어적 표현을 남겨 주지 않았더라면, 우리가 우리 자신에 대해 거의 알지 못할 것이다. … 이해한다는 것은 본문 앞에서 자신을 이해한다는 것이다. 다시 말해 자신의 제한된 이해 능력을 본문에 강요할 것이 아니라 본문 앞에 자신을 열어 보여야 한다. 그리하여 자신 안에 숨겨진 더 넓은 차원을 얻어 낼 수 있어야 한다.[12]

책읽기의 어려움은 결국 내적 생활의 어려움, 특히 생각하기의 어려움과 같이 가는 것이다. 당연히, 이 모든 것은 거룩한 독서를 실행하는 데에 결정적으로 부정적인 영향을 미친다. 아니면 적어도, 기도하는 주체의 내면적 근본 자세에 부정적인 영향을 미친다. 만일 거룩한 독서의 전통적 방법이 읽기, 묵상, 기도, 관상이라는 이름이 붙은 네 단계로 이루어졌다고 본다면, 이 모든 단계는 사실상 두 단계로 요약될 수 있다. 객관적 단계(읽기와 묵상)와 주관적 단계(기도와 관상)다. 전자는 본문이 말하도록 하는 순간으로, 본문의 메시지가 명확해지게끔 애쓰는 단계다. 여기서는 주의 깊게 읽으

---

12 P. Ricoeur, *Ermeneutica filosofica ed ermeneutica biblica* (Brescia: Paideia 1977) 76-77.

려 애쓰면서 성경 본문에 귀를 기울여 더 깊이 있는 이해를 목표로 연구한다. 반면 후자는 기도하는 이의 주체성이 강조되는 순간으로, 본문 앞에서 자기 삶에 대해 생각하고 본문 앞에 머무는 단계다. 여기서는 본문에서 들은 메시지와 자기 삶이 서로 이야기를 나눌 수 있게 하는 주체의 능력이 중요하다. 읽기가 특별히 잘 진행되고 있는 때는, 읽는 이가 본문에 의해 '읽히고 있다'고 느끼는 때이다. 거룩한 독서를 열심히 실천하는 이는, 자기가 성경 본문을 읽는 것보다 성경 본문이 오히려 자기를 더 잘, 그리고 깊이 읽고 있음을 알아채기에 이른다. 사정이 대체로 이러하므로, 내적 생활을 통해 생각하는 능력을 갖추고 내면의 대화가 가능한 사람이어야 거룩한 독서를 할 수 있다. 그러나 이 모든 것이 오늘날은 당연하고 쉽기는커녕 각별히 어려운 일로 여겨지고 있다.

성경 자체의 어려움

책읽기 자체가 오늘날 이렇듯 어려운 일이 되어 있다면, 오늘의 독자들에게 특별히 읽기 어려운 책이 바로 성경이란 점도 지적해야겠다. 성경 읽기의 어려움에 대해서는 '본문의 타자성'이라는 말이 잘 표현해 주고 있다. 성경 본문을 생산한 셈족 세계 및 그 사고 구조와 오늘의 우리 사이에는 문화적으로 큰 괴리가 있다. 성경 본문이 끊임없이 언급하는 상황과 사건, 나라와 민족, 관습과 풍속은 오늘의 우리에게 낯설기만 하고 알아듣기 어렵다. 성경 본문의 언어 용법과 작법은 오늘날 서구의 그 방식과 형태와는 정말 거리가 멀다. 이런 구체적 요소들이 본문과 오늘의 우리 사이에 놓인 문화적 거리에 대해 웅변해 주고 있다. 그래서 우리는 우리와는 정말 다른 세계로 들어가려는 힘겨운 노력을 감행해야 한다. 이런 어려움은 굳이 성경이 아니라도 고대의 문헌이나 타 문화 혹은 타 종교의 본문을 읽을 때 어김없이 발생하는 것이기도 하다. 어쨌든, 부인할 수 없는 이 문화적 거리 앞에서, 성경의 독자는 거의 극복할 수 없을 것 같은 장애와 어려움을 절감한다. 그리고 성경을 읽는 일, 특히 구약성경을 읽는 일이 과연 필요한 것인지, 이 본문들이 '오늘의 사람들'을 위해 무슨 의미가 있는가 하는 질문들을 하게 된다. 그러나 이런 비판의 배후에는, 알론소쇠켈의 표현을 빌리자면, 명사('사람')보다는 형용사('오늘의')를 더 중요하게 바라보는 근시안이 숨어 있다. 사실 알론소쇠켈에 따르면, 문화적 거리는 "동양인이든 서양인이든, 그리고 고대인이든 현대인이든, 모든 사람들이 지닌 근원적 일치와 유사성"을 없애 버리는 것이 아니라 더 잘 표현해 준다. 그의 이야기를 계속 들어 보자.

> 우리 각자가 '명사'의 깊이 속으로 더 들어간다면, 거기서 우리는 단순히 '사람'을 만나게 될 것이다. (원래 동일한) 이 '사람'이 역사적이고 개인적으로 자기를 실현해 나가면서, 여러 '형용사'로 분화되어 다양한 차원의 본질적이거나 우연적인 특성

들을 지니게 되는 것이다. … 구약성경 언어 용법의 많은 부분
은 사람의 이 단순하고 근원적인 특성에 가까우며 … 인간적
인 언어로 말하고 있을 따름이다. 단지 인간적인 언어로, 근본
적으로 인간적인 언어로 말하고 있을 따름이다.[13]

그러니까 이 경우는 '어려움'이라는 말이 오용되고 있다고 봐야
한다. 본문의 타자성은 참된 관계를 맺기 위해 우리 모두가 겪어
야 하는 타자의 타자성, 그리고 그 어려움과 맥이 같은 것이기 때
문이다. 이런 의미에서 거룩한 독서의 여정은 정녕 인간적인 것이
며, 동시에 사람에게 '인간화'의 노력을 요구한다고 말할 수 있다.
다시 말해 성경의 인간적인 말투에 깃든 인간적이고도 실존적인
차원을 이해하기 위해서는 참으로 인간이 되어 가는 여정을 걸어
야 한다. 이런 맥락에서, 바로 구체적인 삶과 그 체험이 거룩한 독
서에서 요구되는 성경 해석학의 기준 중 하나라는 사실을 이해하
게 된다.

그러나 바로 이 대목에서 우리는 거룩한 독서에서 겪는 어쩌면
더 흔하고도 중요한 어려움과 맞닥뜨리게 된다. 바로 책에서 삶으
로 '건너가는' 일의 어려움, 성경의 장절을 삶의 의미 차원에서 되

---

13 L. Alonso-Schökel, "È attuale il linguaggio del Vecchio Testamento? (cap.
IV della *Dei Verbum*)", in S. Lyonnet et al., *La Bibbia nella Chiesa dopo la "Dei
Verbum". Studi sulla costituzione conciliare* (Roma: Edizioni Paoline 1969) 117.

살리는 일의 어려움이다.

책에서 삶으로 건너가기

지금까지 거룩한 독서의 어려움을 주관적 측면(기도하는 사람의 조건과 자세)과 객관적인 측면(성경 자체에 내재하는 어려움)에서 살펴보았다. 그러나 거룩한 독서의 진짜 어려움은 그 두 가지 요구 사이의 관계다. 과연 어떻게 하면 성경 구절들에서 내가 직면하고 있는 현실에 대한 메시지를 끌어올 수 있는가? 그리고 성경이 담고 있는 하느님 말씀이 바로 지금의 나와 우리에게 주어지고 있는 말씀이라는 확신을 구체적인 현실에서 어떻게 적용할 수 있는가? 이 질문에 대답을 얻으려는 노력은 복합적이고도 다양한 반응들로 우리를 이끈다.

한편으로는, 거룩한 독서란 성서학과 신학의 지식을 갖춘 지성인들의 전유물로서, 이들이 힘 있는 성경 말씀들을 단순한 대중들은 결코 알아듣지 못하는 말로 만들어 버린다고 주장하는 사람들이 있다.

다른 한편으로는 거룩한 독서를 윤리적 기준 정도로 축소시켜 알아들은 나머지 죄책감의 원천이 되도록 만들어 버리는 이들이 있다. 이 경우 본문은 내가 뭘 해야 할지를 말해 주고 어떤 인간이 되라고 지시하지만, 나로서는 이를 실천할 능력이 없어 결국 죄책감에 사로잡히게 된다. 이런 식으로 거룩한 독서는 풍요로운 결실을 맺는 원래의 힘을 잃어버리게 된다. 그 풍요로운 결실이란 내가 그리스도의 얼굴을 뵙는 관상에 마음을 열고 그분의 구원하시는 활동에 의탁할 때, 그리고 내 비참함과 죄와 부적합함에 집중하면서 내가 늘 희생자라고 생각하는 자기중심적인 시선에서 해방될 때라야 생기는 것이다.

아마도 아주 널리 퍼진 방식 중 하나는, 성경을 심리분석적으로만 읽으면서 삶에 적용하는 태도일 것이다. 이 경우 심리학, 특히 심층심리학적 방법론이 본문 독해의 주된 도구가 된다. 여기 도사린 큰 위험은 본문에서 자기가 이미 알고 있는 것을 찾아내는 데에만 에너지를 소모한 나머지, 주의 깊고 열린 태도로 읽을 때 발견할 수 있는 본문의 새로운 측면에는 까막눈이 되어 버린다는 것이다. 성경 여러 부분의 '인간성'이 심리학적인 깊이와 섬세함을 열어 보여 주고, 본문의 더욱 적절한 이해를 위해 심리학적 도구들을 사용할 수도 있다고 주장할 수 있다. 그러나 심리학 일변도의 방법론은 계시를 구원에 관한 여러 신화 중 하나로 축소시켜 그 메시지를 희석시킬 수 있다. 역설적이지만, 독자가 성경에 더 쉽게 접근하려는 의도로 성경에서 자기가 원하는 바만 찾아내려 하고, 성경을 자기 지식과 관념의 체계에 가두어 버리면서 사실상 성경의 타자성을 제거해 버리는 식의 독서 행태에서 풀려날 때라야 비로소 성경 말씀이 치유의 힘을 발휘할 수 있다.

또 다른 반응은, 해석의 수고를 감당하지 않으려는 태도다. 여기서는 문자 그대로 해석해야 한다는 태도, 즉 근본주의적 입장을 내세운다. 이런 태도는 지름길처럼 보이지만 사실상 아무 데로도 인도해 주지 못한다. 문자적 의미의 중요성을 내세우지만 종국에는 "문자는 사람을 죽이지만 영은 사람을 살립니다"(2코린 3,6)라고 갈파한 바오로의 말을 증명해 주고 마는 태도로서, 해석의 수고를 거부하는 자세일 뿐이다. 「교회 안의 성서 해석」을 소개하는 서문에서 요한바오로 2세는 이런 태도의 위험성에 대해 지적했다.

> 이들은 하느님과 강생에 관해 지닌 잘못된 관념으로 … 하느님은 절대적 존재이시므로 성경에 기록된 그분의 말씀 하나하나가 인간적 언어의 조건에 구애받지 않고 다 절대적인 가치를 지닌다고 믿는 경향이 있다. 이런 태도는 말씀들의 절대적 가치를 상대화시킬 것이라는 두려움으로, 인간적 언어의 조건들을 탐구하면서 기록된 말씀들을 구별하려는 노력을 거부한다. 그러나 이런 태도는 스스로 속아 넘어갔다는 것을 뜻하며, 절대자에 관한 잘못된 관념으로 사실상 성경 영감의 신비와 강생의 신비를 부인하는 것일 따름이다. 성경의 하느님은 당신이 만지시는 모든 것을 억누르면서 모든 차이와 구별을 없애 버리는 절대적 존재가 아니시다. 반대로 창조주이신 하느님은 놀라운 다양성을 지닌 피조물들을 "각각의 종에 따라"(창세 1장 참조)[14▶] 창조하셨다. 차이를 없애기는커녕 차이를 존중

하고 가치를 부여해 주신 것이다(1코린 12,18.24.28 참조). 인간의 언어로 말씀하실 때에도 그분은 각각의 표현에 획일적인 가치를 부여하지 않으신다. 오히려 최대한의 융통성을 발휘하여 그 표현들 각각이 지닌 뉘앙스를 활용하시고, 그 한계까지도 수용하신다.[15]

본문의 '비非-해석'을 주장하는 이런 형태의 독서가 종파적 분열로 이어질 수 있다는 것도 명백한 사실이다. 이들은 자기 그룹만이 진리를 담고 있다고 생각한 나머지, 그 진리를 지키기 위해 철벽같은 방어막을 친다. 그리하여 이들에게는, 타인들과 대화하거나 서로 생각을 맞추어 본다거나 혹은 함께 토론하는 따위가 참을 수 없는 일이다.

본문의 독서와, 그 독서가 삶과 맺고 있는 상호 관계 사이에서 균형을 찾을 수 없다는 인상을 지울 수 없다. 그 본질적 이유 중 하나가 공동체라는 맥락의 상실이라고 생각한다. 거룩한 독서의 본바탕은 공동체다. 바로 거기서 생겨날 수 있고, 거기서 생겨나야 한다. 실제로 교회적인 체험, 공동체적인 체험의 내부에서라야 성경은 읽히고 생기를 얻을 수 있다. 거기에서만 성경은 신앙인들이

◀14 우리말『성경』은 "제 종류대로"라고 옮기고 있다 - 역자 주.

15 요한바오로 2세, *L'interpretazione della Bibbia nella chiesa*, in *Il Regno –documenti* II (1993) 325. Pontificia commissione biblica .

처해 있는 역사적 상황의 '오늘'을 위한 하느님의 살아 있는 말씀으로 부활할 수 있다. 공동체라는 맥락은 성경 해석을 위해 근본적인 해석학적 가치를 지닌다. 본당의 성경 공부 그룹들의 거룩한 독서 실천과 주일 성찬 전례가 더 긴밀히 연결되어야 한다고 생각한다. 그러나 무엇보다도 중요한 것은 성경과 친숙해지도록 매일 개인적으로 거룩한 독서를 실천해 나가는 일이다. 그럴 때에만, 하느님 말씀에 애정과 충실함으로 귀 기울이는 이에게 생기게 마련인 열매를 우리도 맺을 수 있을 것이다.

맺음말

거룩한 독서는 어려운 일로, 희생과 훈련, 끈기와 내면화의 노력을 요구하는 영적 작업으로 남아 있을 것이다. 바로 그 어려움이야말로 거룩한 독서를 진정한 수행으로 만드는 것이다. 거룩한 독서에는 훈련이 필요하며, 늘 새롭게 시작하는 마음이 필요하다.

그러므로 사실을 말하자면 거룩한 독서를 실천하면서 우리가 만나는 어려움이 어떤 것이든, 그것은 자기 안에 그리스도께서 충만히 형성되시도록 영적으로 성장하기 위해 각자가 더 신경 쓰고 노력해야 하는 영적 작업의 소재가 된다. 어떻든, 어려움은 필연적이고 피할 수 없다. 그것은 그리스도를 만나는 대가로 치러야 하는 것이다. 주님을 더 깊이 알기 위해, 그분 현존 아래 머물며 그 뜻을 더 잘 실천하도록 성경을 꾸준히 읽어 나가는 만큼 그분을 뵙고픈 그리움도 커 간다. 요컨대 거룩한 독서의 어려움 때문에 우리의 기가 꺾여서는 안 된다. 그 어려움은 결국 주님을 뒤따르는 일의 어려움이다!

물론 성경 독서에는 그 어려움과 문제점이 따르지만, 그럼에도 교회는 성경 독서를 널리 실천해야 한다. 두 번째 천년기가 말하자면 성경이 '감금'되는 상태였다면, 새 천년기의 다가올 수십 년은 「계시 헌장」의 자극과 그 원동력으로 계속 활기를 얻을 수 있었으면 한다. 이는 오늘 그리스도인들이 겪고 있는 새로운 디아스포라 상황이라든지 타 종교들과 공존해야만 하는 상황이 요구하는 바이기도 하다. 나아가, 우리의 기도는 더욱 명상적이고 수용적인 형태가 되어야 할 텐데, 이를 위해서도 필요한 일이다.

공동체에서나 개인의 삶에서 하느님 말씀에 더 중요한 역할을 부여함으로써 우리는 삶의 본질을 향해 곧장 나아가게 된다. 그것은 '거룩한 복음의 추종'으로서, 신앙인의 삶은 점점 더 바로 이런 복음 추종이 되어야 한다. 그러면 세상과 역사 안에서, 그리고 사람 서리에서, 신앙인의 삶 자체가 바로 성경을 생생히 풀이해 주는 살아 있는 성경 해석이 될 수 있을 터이다.

요한바오로 2세가 예언자다운 안목으로 다음과 같이 말했을 때, 바로 그런 일이 일어나기를 원했던 것이다. "복음화의 여정에서 '말씀의 종'이 되기 위해 말씀으로 양육되는 일, 이것이 새 천년기에 접어든 교회에 무엇보다 중요한 일이라는 데에는 의심의 여지가 없다."[1] 이것이야말로 오늘날 세상 안에서 거룩한 독서가 얼마나 중요한지를 지적한 말씀이다.

---

1 요한바오로 2세 『새 천년기』 40.

"영적 성경 해석"의 정당성에 관하여

안소근

지구가 태양 주위를 돌고 있음을 당연하게 알고 있는 우리 시대 사람들은, 지동설의 증거에 별 관심을 갖지 않을 수도 있다. 그런 증거가 없이도 지구가 태양 주위를 돈다고 믿기 때문이다. 그러나 태양이 지구 주위를 돌고 있다고 믿던 이들에게는 그들을 설득할 증거가 필요했다.

성경의 해석 방법에 대해서도 이와 같은 말을 할 수 있다. 영적 성경 해석은 새로운 것이 아니다. 거룩한 독서도 새로운 것이 아니다. 영적 성경 해석은 교부들의 성경 해석에서 필수적인 부분이 었으며, 거룩한 독서는 수도승 전통의 삶과 전통에서 오랫동안 실천해 온 것이었다. 이러한 전통 안에서 살아온 이들에게, 영적 성경 해석의 정당성을 설명하는 것은 필요하지 않다. 어쩌면 거룩한 독서에 맛들이고 그 바탕이 되는 성경 해석 방법을 이미 받아들인 우리 독자들도 별로 그 필요를 느끼지 않을 수도 있다.

하지만 엔조 비앙키의 『영적 성경 해석』은 그 전통적 해석의 정당성을 보이려 한다. 왜 그러한 설명이 필요하게 되었을까? 이 해설은 독자들에게 그 배경을 설명하고자 한다.

1. 제2차 바티칸 공의회 이전의 성경 해석

본서 제6장은 성경 해석의 역사를 설명한다. 이 장에서 우리는 영적 해석의 근거를 설명하는 것이 왜 필요했는지를 알 수 있다. 성경 해석의 역사는 마치 시계추와 같은 변천 과정을 보인다. 아주 짧게 요약하면 고대와 중세의 전통적인 영적 해석, 근대의 역사 비평을 중심으로 하는 학문적 해석을 거쳐 최근에는 다시 영적 해석의 필요성이 부각되고 있는 것이다.

1.1. 교부들의 영적 해석

수도승 전통 안에서 일찍부터 실천해 온 거룩한 독서는, 교부들이 전통적으로 해 온 성경 해석에 근거를 두고 있었다. 이 해석의 중심은 그리스도이시다. 교부들은 성경 전체의 일체성과 같은 해석의 원리들을 전제하고 있었고, 성경 전체가 하느님의 말씀이신 그리스도를 중심으로 한다는 믿음에 따라 구약의 많은 부분도 그리스도론적으로 해석했다.

그런데, 그리스도 강생 이전에 작성된 구약의 책들을 어떻게 그리스도를 중심으로 해석할 수 있는가? 교부들은 저자가 자신의 시대를 배경으로 처음 성경 본문을 쓸 때에 생각했던 의미만이 아니라 다른 의미들을 더 얻을 수 있다는 것을 알았고, 이를 바탕으로 교회의 전통 안에서 성경을 해석했다. "신약은 구약 안에 감추어져 있고 구약은 신약 안에서 드러난다"(아우구스티누스), "하느님의 말씀은 읽는 이와 함께 자란다"(대 그레고리우스)와 같은 유명한 격언들은 그러한 원리들을 표현해 준다.

1.2. 근대 성서학의 발전 - 역사 비평

교부들의 해석이 그리스도를 중심으로 하는 것이라면, 역사 비평은 저자를 무엇보다 중시한다. 이러한 움직임은 르네상스 이후 시작되었다. 고대의 문학작품을 이해하기 위해 그 시대의 언어와 문화를 연구하기 시작했고, 18세기에 진화론이 등장하고 19세기에 역사학이 발전하면서 모든 것은 그 기원부터 설명되어야 한다는 생각이 퍼지게 된 것이다.

이에 따라 성경 연구에서도, 본문을 이해하기 위해서는 저자를 알아야 하고 본문의 가장 정확한 의미는 바로 저자가 말하고자 한 의미라고 여기게 되었다. 누가 어떤 시대에 어떤 이들을 대상으로 쓴 본문인지를 정확히 알아내고자 했고, 점차 하나의 본문 안에서도 그 형성 과정을 세분하게 되었다.

이러한 연구들은 많은 성과를 가져왔으나, 그 가운데 어떤 부분은 전통에 대한 위협으로 느껴질 수 있었다. 모세오경과 이사야서 등의 저자 문제가 그 대표적인 예였고, 그 밖에도 자연과학이나 역사학의 연구 결과가 성경의 내용과 부합하지 않는 것으로 보이는 경우도 문제가 되었다. 성서학 연구는 가톨릭보다 개신교에서 더 빠른 속도로 발전했는데, 19세기 가톨릭교회는 인간 이성을 내세워 신앙을 문제 삼았던 근대주의를 경계하면서 성경에 대한 비판적 접근에 대해서도 거리를 두었다.

가톨릭교회가 근대적 성경 연구에 대해 긍정적 입장을 표명한 것은 레오 13세의 회칙 「섭리하시는 하느님」Providentissimus Deus (1893)부터였다고 말할 수 있다. 당시에는 근대 학문을 내세워 성경 저자들이 오류를 범했다거나 성경이 성령의 영감을 받지 않았다고 주장한 이들이 있었는데, 레오 13세는 성경 저자들이 비유적 표현을 사용했고 그들의 의도와 그들을 통해 말씀하시는 하느님의 의도를 올바로 이해한다면 성경은 자연과학이나 역사학과 모순될 수 없다고 말했다(DH 3287-88.3290 참조).

이어서 비오 12세의 회칙 「성령의 영감」Divino afflante Spiritu(1943)은 학문적인 성경 연구를 옹호할 뿐만 아니라 강력하게 추천했다. 여기서는 본문의 영적이고 신학적인 의미를 놓치지 말아야 한다는 사실을 분명하게 말하면서도 먼저 원문 연구의 필요성과 본문 비판의 중요성을 지적하고, "해석가들은 자신들의 가장 우선적이고 위대한 과제가 성경 단어 자체의 문자적 의미를 뚜렷하게 밝혀 내고 정의하는 것이어야 함을 염두에 두어야 한다"(23항, DH 3826)고 밝혔다.

그러므로 제2차 바티칸 공의회가 열렸을 때 이미 교도권에서는 비판적인 성경 연구를 수용하고 있었던 것이다. 이러한 맥락에서 「계시 헌장」 12항에서는 "하느님께서는 성경에서 인간을 통하여 인간의 방식으로 말씀하셨기에 성경 해석자는 … 성경 저자들이 정말로 뜻하고자 한 것이 무엇이며, 하느님께서 그들의 말을 통하여 나타내고자 하신 것이 무엇인지를 주의 깊게 연구해야 한다"는 기본 원칙에 따라, 저자의 의도를 밝혀내기 위하여 특히 "문학 유형"을 연구해야 한다는 점을 지적했다.

여기까지의 흐름을 볼 때, 제2차 바티칸 공의회 때까지 발전한 근대적 성경 연구를 대표하는 것은 역사 비평이었고, 공의회는 그 접근 방법에 따라 "저자의 의도"를 파악하는 것이 중요함을 인정했다. 그런데 여기에는 수반되는 질문들이 있다. 예를 들면, 성경이 여러 편집자의 손을 거쳤다고 할 때 성령의 영감은 어떻게 설명해야 하는가? 그러한 본문의 형성 과정을 고찰할 때, 성경과 성전의 관계는 어떻게 이해해야 하는가? 「계시 헌장」은 이러한 질문들에 대한 답을 찾고자 했다.

1.3. 역사 비평의 한계

성경 해석에 관하여 「계시 헌장」은, 저자의 의도를 파악하는 것이 일차적으로 중요하다고 강조하면서도 그것이 전부라고는 말하지 않는다. 앞서 인용한 12항에서는 "그러나 성령을 통해 쓰인 성경은 성령의 도우심으로 읽고 해석해야 하기 때문에"라는 단서를 붙이면서, 성경을 올바로 해석하기 위해서는 "전체 교회의 살아 있는 전통과 신앙의 유비뿐만 아니라 그에 못지않게 성경 전체의 내용과 일체성을 세심하게 고려해야 한다"고 말한다. 이 부분은 공의회 폐막 이후에 교회 안에서 그동안의 추세에 대한 반작용으로 점점 더 큰 중요성을 지니게 될 것이다.

지금까지의 흐름을 요약해 보자. 고대와 중세에는 교부들의 영적 해석이 있었고 근대 이후에는 역사 비평을 중심으로 하는 비판적 성경 연구가 이루어졌다. 「섭리하시는 하느님」부터 「계시 헌장」까지는 교도권이 그러한 근대적 성경 연구를 수용하는 과정을 보여 준다. 그런데 이러한 성경 연구, 특히 역사 비평은 교부들의 성경 해석과는 다른 원리들을 바탕으로 하고 있다. "저자의 의도"가 본문 이해의 척도가 될 때, 예를 들어 기원전 8세기에 이사야 예언자가 썼던 본문의 한 단락은 그 시대 그 저자가 생각한 의미만을 지니는 것으로 이해된다. 같은 본문이 이사야서 전체의 맥락 안에 포함되면서, 그리고 구약과 신약 전체의 전망 안에 자리하게 되면서 얻게 되는 새로운 의미는 고려되지 않는다. 교회 역사 안에서 본문이 지니는 의미도 마찬가지다. 그리고 바로 이러한 흐름 안에서 성경의 영적 의미가 잊힐 위험이 생겨난다.

근대적인 주석 방법으로 본문에 접근하는 이들에게, 교부들의 성경 해석은 전혀 계통이 달라서 함께 대화할 수 없는 것이었다. 그들이 교부들의 성경 해석을 무가치하게 여긴 것은 아니라 하더라도, 교부들의 논리와 근대 주석가들의 논리는 서로 달랐다. 그렇다면 이제는 질문을 던져야 한다. 교부들의 성경 해석, 성경의 영적인 해석의 논리는 잊어야 하는 것인가?

2. 제2차 바티칸 공의회 이후의 성경 해석

제2차 바티칸 공의회의 공로를 깎아내릴 의도는 전혀 없다. 엔조 비앙키가 본서의 머리말 첫 부분에서 말하듯이, 제2차 바티칸 공의회를 통하여 가능하게 된 성경 운동과 전례 운동으로 소위 "말씀의 유배" 기간이 끝났다. 성경 원문이 여러 언어로 번역되어 많은 신자들에게 성경이 보급되었고, 전례와 신자들의 삶 안에서 성경이 이전보다 훨씬 큰 역할을 하게 되었다. 그런데, 나날이 발전을 거듭한 학문적인 성경 연구는 어떤 면에서 신자들의 성경 묵상과 분리되었고 더 나아가서는 성경 주석과 신학 사이에도 간격이 벌어지게 되었다. 이러한 현상 앞에서, 교회의 신앙 안에서 성경을 읽는다는 것이 어떤 것인지에 대한 질문이 새롭게 제기되었다.

2.1. 「교회 안의 성서 해석」

「섭리하시는 하느님」백 주년,「성령의 영감」오십 주년을 맞이하여 교황청 성서위원회는「교회 안의 성서 해석」을 발표했다 (1993). 이 문헌에서는 오늘날 성경 해석에 사용되는 여러 방법들에 대해 각각 그 가치와 한계를 설명한다. 근본주의 해석 외에는 어떤 해석도 배척하지 않으며 또한 어떤 해석도 절대화하지 않는다. 저자를 중심으로 하는 역사 비평의 공헌을 결코 간과할 수 없음을 인정하면서도 그 한계를 지적하고, 그 밖에도 본문을 중심으로 하는 비평이나 독자를 중심으로 하는 비평들이 할 수 있는 새로운 공헌들도 언급한다.

역사 비평의 한계에 대한「교회 안의 성서 해석」의 지적은 우리에게 의미가 깊다. 역사 비평 방법을 고전적 형태로 사용할 때, 그것은 "성경을 낳은 역사적 상황 안에서만 성경 본문의 의미를 탐구하는 일로 스스로를 제한하고, 성경적 계시와 교회사의 나중 단계에서 드러난 의미들의 다른 가능성에는 관심이 없기 때문이다" (I, 가, 4). 대 그레고리우스가 말했듯이 "하느님의 말씀은 읽는 이와 함께 자란다"는 것을 잊을 수 있으며, 예언서의 한 부분이 더 늦은 시기에 다른 사람에 의하여 재해석될 수 있고 구약이 신약에 의하여 재해석될 수 있으며 성경이 교회 전통 안에서 새로운 의미를 얻을 수 있다는 것을 놓칠 수 있다는 것이다.

이 문헌의 제목이 "교회 안의" 성서 해석이라는 점은, 흔히 간과

되는 듯하지만 실제로는 좀 더 중시되어야 한다. 이러한 문헌이 필요했던 것은 성경이 교회의 신앙과 삶의 규범이라는 그 고유한 의미를 충분히 고려하는 성경 해석을 찾기 위해서였다고 말해도 좋을 것이다. 이를 위하여 문헌에서는 다시 「계시 헌장」 12항에 언급된 원리들, 곧 교회 전통, 신앙의 유비, 성경 전체의 일체성을 지적하고, 현대의 해석학으로부터 그 정당성을 설명한다. 특히 불트만R. Bultmann, 가다머H.G. Gadamer, 리쾨르P. Ricoeur의 해석학 이론을 원용하여, 하나의 본문이 더 넓은 해석학적 지평 안에 삽입될 때 새로운 의미들을 얻을 수 있음을 규명한다.

다른 말로 하면, 역사 비평적 연구가 "저자의 의도"를 찾는 것을 무엇보다 중시했고 이를 위해 본문이 그 이후에 지니게 된 의미를 방법적으로 배제했던 것에 비해 현대 해석학은 본문이 독자와 만나게 되면서 새로운 의미를 획득할 수 있음을 인정한 것이다. 이러한 "해석 이론은 그리스도인들의 신앙생활을 살찌울 수 있도록 성서 메시지를 올바르게 현실화하는 방식으로 성서 본문의 저자와 첫 수신자들의 시대 그리고 우리 자신의 시대 사이에 가로놓인 거리를 극복하게 한다"(「교회 안의 성서 해석」 II, 가, 2). 그리고 이로써 교부들의 영적 해석을 설명하기 위한 이론적 토대도 마련된다.

2.2. 「주님의 말씀」

엔조 비앙키의 『영적 성경 해석』은 2008년에 출판되었다. "교회의 삶과 사명 안에서 하느님의 말씀"이라는 주제로 바티칸에서 제12차 세계주교대의원회의가 열린 해였다. 이 회의가 끝나고 반포된 베네딕도 16세의 후속 교황 권고가 「주님의 말씀」이다(2010년 9월 30일). 엔조 비앙키가 본서를 썼을 때에는 아직 「주님의 말씀」이 발표되기 전이었지만, 그 자신이 2008년의 주교대의원회의에 전문위원으로서 참가했기에 분명 그 논의들에 대해 잘 알고 있었을 것이다. 실상 이 책에 언급된 주제들 가운데 많은 부분이 「주님의 말씀」에서도 논의된다. 다른 말로 하면, 하느님의 말씀을 주제로 세계주교대의원회의가 열렸던 바로 그 교회적 맥락 안에서 엔조 비앙키는 『영적 성경 해석』을 썼던 것이다.

제2차 바티칸 공의회의 모든 공로를 인정하면서도, 「주님의 말씀」은 공의회 이후의 상황 안에서 몇 가지 문제점을 지적한다. 예를 들면 "이원론과 세속화된 해석학의 위험성"(35항), "성경에 대한 접근에서 신앙과 이성"(36항) 등을 말하는데, 이는 바로 학자들의 성경 연구가 신자들의 신앙과 멀어지고 그들만의 대화로, 순전히 학문적인 가치만을 지닌 작업으로 변질되는 위험을 말하는 것이다. 이에 대하여 문헌에서는 하느님의 말씀 자체에 대한 좀 더 폭넓은 이해를 강조하고, 그에 상응하는 해석 방향을 가리켜 보인다. 여기에서 되풀이하여 강조되는 개념들이 말씀이신 그리스도, 성령, 영감, 교회, 전통, 성경의 일체성이다. 모두 교부들의 성경 주해, 성경의 영적인 해석에서 중요한 역할을 담당하던 요소들이고, 동시에 바로 이 요소들이 거룩한 독서(lectio divina)를 위한 바탕이 되는 개념들이다. 특별히 「주님의 말씀」에서는 거룩한 독서에 대해 별도로 상세히 설명하는데(86-87항), 이는 거룩한 독서가 교부들의 탄탄한 전통을 바탕으로 오늘날의 교회가 필요로 하는 성경 해석의 길을 열어 주기 때문일 것이다.

3. 영적 성경 해석을 위한 요소들

이렇게 제2차 바티칸 공의회 이후에 교회 안에서는 한 방향으로 기울어 가던 성경 해석의 균형을 찾고자 영적 성경 해석의 원리들을 다시 찾기 시작했다. 그러면 이제 영적 해석을 위한 토대가 되는 요소들을 간략하게 살펴보자. 더 깊이 있는 설명은 본서의 본문을 읽으면서 발견할 수 있을 것이다.

3.1. 말씀이신 그리스도

성경의 부분들을 분석하기에 앞서, 생각을 바꾸어 더 큰 맥락 안에서 성경의 자리를 찾아보자. 그 큰 맥락이 될 수 있는 것이 "하느님의 말씀"이다.

하느님께서는 "당신의 넘치는 사랑으로 마치 친구를 대하듯이 인간에게 말씀하시고, 인간과 사귀시며, 당신과 친교를 이루도록 인간을 부르시고 받아들이신다"(「계시 헌장」 2항). 하느님께서 당신 자신을 계시하시는 여러 방법들을 하느님의 말씀이라고 한다면, "말씀"이라는 표현은 근본적으로는 하나이면서도 여러 유비적 의미로 사용된다. 먼저, 창조 질서 안에서 알아볼 수 있는 하느님의 말씀이 있다. 하느님께서 말씀으로 세상을 창조하셨기에(창세 1장 참조) 인간은 그 창조 안에서 하느님의 손길을 알아보고 하느님의 말씀을 듣는다. "하늘은 하느님의 영광을 이야기하고 창공은 그분 손의 솜씨를 알리네"(시편 19,2).

또한 하느님께서는 이스라엘 백성의 역사 안에서 모세와 예언자들을 통해, 그리고 마지막에는 성자의 육화를 통해 당신 자신을 계시하신다. "하느님께서 예전에는 여러 번 여러 모양으로 예언자들을 통해 조상들에게 말씀하셨으나, 이 마지막 날에는 아들을 통해 우리에게 말씀하셨습니다. 그분은 이 아들을 만물의 상속자로 삼으셨고, 또한 그를 통하여 온 세상을 만드셨습니다"(히브 1,1).

그런데 「주님의 말씀」에서는 여기에서 한 걸음 더 나아가서, "하느님께서 사랑으로 우리에게 당신 자신을 통교하신다는 데에서 멈추어 선다면, 우리는 요한 성인의 서문의 메시지를 아직도 충분히 파악하지 못한 셈이 될 것입니다. 사실, '모든 것이 그분을 통하여 생겨났고'(요한 1,3) '사람이 되신'(요한 1,14) 그 하느님의 말씀은 바로 '한처음에'(요한 1,1) 계신 그 말씀이신 것입니다"(6항)라고 말한다.

이를 이해하려면 우리의 전망을 아주 크게 넓혀야 한다. 하느님께서 처음에는 창조를 통하여, 그다음에는 예언자들을 통하여, 마지막에는 예수 그리스도를 통하여 말씀하셨다고만 볼 것이 아니라, 하느님께서 세상을 창조하신 그 말씀이 바로 말씀이신 그리스도라는 이해에 도달해야 하는 것이다. 이것이 요한 복음 1장의 전망이고, 이렇게 큰 전망 안에서 바라볼 때 구약과 신약 전체를 하나로 묶어 주는 축 역시 말씀이신 그리스도라는 것을 알아볼 수있게 된다.

3.2. 말씀과 성령

이 하느님의 말씀과 관련하여 성령의 역할은 여러 차원에서 나타난다. 하느님 말씀의 육화는 성령을 통하여 이루어진다(루카 1,35 참조). 예수님께서는 제자들에게 당신 성령을 보내 주시리라고 약속하셨고, 그 성령께서 사도들의 복음 선포에서 힘이 되어 주시며 또한 성경 저자들을 감도하신다. 사도들은 "영이 그들에게 일러 주는 대로"(사도 2,4) 하느님의 말씀을 선포하였고, 또한 성령의 영감으로 성경을 기록하였다(2티모 3,16 참조).

그런데 성경 저자들에게 작용한 성령의 영감 문제는, 성경 문헌들의 형성 과정에 관한 근대의 연구 결과로 인하여 더 복잡해졌다. 구약의 경우 구전 전승과 예언 말씀, 법률 등이 수집되고 고정되어 점차 권위를 얻게 되고 하느님의 계시의 표현으로 인정되며, 그렇게 형성된 여러 책들이 하나로 연결되는 과정을 거쳐 지금과 같은 구약성경을 구성하게 된다. 또한 이 과정 안에서, 오래된 전승은 계속해서 해석과 재해석의 대상이 된다. 예를 들어 예언서의 경우, 한 시대에 예언자가 선포한 내용이 후대에 다시 그 시대의 역사 안에서 해석되는 것을 볼 수 있다.

이러한 과정은 구약성경이 신약성경에 의해 완성되는 데에까지 이른다. 예를 들어 예수님의 말씀과 행적을 통하여 구약의 예언이 성취되었다는 마태오 복음의 선언들(마태 1,22; 2,15 등), 그리고 "나에 관해서 모세의 율법과 예언자들의 책과 시편들에 기록된 모든 것은 이루어져야만 합니다"(루카 24,44)라는 루카 복음의 진술(그밖에도 루카 4,18-19; 24,25-27) 등은 구약성경이 신약에 의하여 해석되고 성취됨을 보여 주는 신약 안의 표지들이다.

여기서 성령의 영감은 특정한 어떤 본문에만 국한되는 것이 아니라, 서로 연결된 성경 전체를 대상으로 한다. 말하자면 처음 어떤 본문을 쓴 저자에게 그 순간에만 작용한 것이 아니라 그 본문이 점점 더 넓은 맥락 안에 자리하게 되는 과정 전체가 성령의 영감 아래 이루어졌고, 첫 저자가 생각하지 않은 어떤 내용이 후대의 해석에 의해 (예를 들어 구약과 신약 전체의 맥락 안에서) 본문에 더해진다면 그것 역시 성령의 영감으로 이루어지는 일이다. 영감은 "구약성경과 신약성경의 전통들을 서로 연결하는 성경 전체"에 작용하며, "기록되어 전달된 이스라엘의 고대 전통들은 사실 해석되고 주석되었으며, 마침내 그 전통들에 결정적으로 충만한 의미를 주는 그리스도의 신비에 비추어 해석되었다"(「성경의 영감과 진리」 56항).

3.3. 성경의 일체성

성경 전체가 말씀이신 그리스도를 중심으로 한다는 점에서, 그리고 앞에서 설명한 바와 같은 성령의 작용으로 인하여, 성경은 여러 시대 여러 저자들에 의하여 작성되었으면서도 단 하나의 책으로서 일체성을 지닌다(「계시 헌장」 12항 참조). 그러므로 성경의 한 부분을 해석할 때에는 구약과 신약 전체를 포함하는 성경 전체의 맥락 안에서 해석해야 한다.

역사 비평에서는 성경이 어떻게 형성되었는지를 물으면서, 서로 다른 여러 저자들이 쓴 부분들을 구분하고 또 하나의 본문 안에서 편집층들을 구분했다. 그러한 분석의 결과 성경 특히 구약의 책들은 조각조각 나뉘었으며, 그 조각들이 모두 모여 하나의 성경을 구성한다는 점은 간과되었다. 그런데 이러한 방향으로 연구를 계속하다 보니, 어느새 주석학자들은 창세기를 읽는 것이 아니라 창세기 안에 들어 있는 고대의 전승 단편들을 읽고 있었다. 그리스도교의 경전으로서 단일체를 이루고 있는 성경이 눈앞에서 사라진 것이다.

이러한 흐름을 거슬러, 어떤 한 본문을 해석할 때 그것을 구약과 신약 모두를 포함하는 그리스도교 성경이라는 해석학적 지평 안에서 바라보아야 한다는 목소리가 나타나기 시작했다. 그리스도교 주석학자의 연구 대상은 창세기의 기원이 된 한 전승이 아니라 성경의 한 부분인 창세기여야 하기 때문이다.

여기서 앞에서 언급한 재해석 문제가 다시 제기된다. 성경의 한 부분을 쓴 저자는 자신이 쓴 것이 성경 전체의 맥락 안에서 어떤 의미를 얻게 될 것인지를 의식하지 못했을 수 있다. 그 의미가, 하느님의 계시 전체의 경륜 안에서는 그 본문 안에 이미 내포되어 있었다 하더라도 말이다. 여기에서, 인간 저자가 의도한 의미와 하느님께서 성령의 영감을 통하여 뜻하신 의미, 곧 성경 전체 안에서 그 본문이 지니게 될 의미는 동일하지 않을 수 있다. 이 점을 고려하기 위해서는 성경 해석의 목표를 저자의 의도를 찾아내는 것으로 국한시키지 말아야 한다.

예를 들어, "저의 하느님, 저의 하느님, 어찌하여 저를 버리셨습니까?"라는 시편 22,2의 말씀은 저자의 의도만을 생각할 때에는 구약 시대의 한 인간이 자신의 고통 앞에서 하느님께 부르짖는 소리가 되지만 성경 전체의 맥락 안에서는 마태 27,46에 인용되어 그리스도의 수난을 표현하는 말씀이 된다. 이때 성경의 일체성을 고려하는 해석에서는, 단순히 마태오 복음서 저자가 시편을 인용했다고 보는 것을 넘어 그 시편의 본문 안에서 이미 그리스도의 수난을 바라볼 수 있게 된다.

이러한 해석 원리는, 유다교의 구약 해석의 가치를 인정하면서 동시에 그리스도교의 고유한 구약 해석의 정당성을 설명해 주는 것이기도 하다. 유다교의 구약 해석과 그리스도교의 구약 해석이 서로 달라지는 것은, 이들이 서로 다른 전통 안에 자리하기 때문이기도 하고, 그 결과로 서로 다른 범위의 책들이 경전으로 설정되어 그 해석을 위해 고려해야 할 '일체성'의 범위가 달라졌기 때문이기도 하다.

3.4. 교회의 전통

성경을 해석하는 데에서 교회의 전통(전승)을 고려해야 한다는 것 역시, 넓은 전망 안에서 볼 때 성경이 성전聖傳 안에 자리하기 때문이다. 성경은 성전 안에서 형성되었으며, 또한 전승 안에서 해석된다.

구약성경은 이스라엘의 신앙 전승 안에서 형성되었다. 모세오경, 예언서 등의 형성 과정에서 우리는 이를 분명히 볼 수 있다. 한 사람의 저자에 의해 성경의 책 하나가 완성된 것이 아니라, 여러 사람이 개입된 전승의 과정을 통하여 공동체의 신앙 안에서 그 책들이 형성되었다. 그 후 초기 그리스도교에서는 예수님의 말씀과 행적에 대한 구두 전승들과 "사도들의 가르침"(사도 2,42)이 문서화되고 복음서와 서간이 공동체들 안에서 생겨났다. 신약의 경전 역시 사도 전승 안에서 형성된 것이다.

이렇게 형성된 구약과 신약성경은 다시 전승 안에서 해석된다.

"교회는 자신의 가르침과 생활과 예배를 통하여 그 자신의 모든 것과 그리고 그 자신이 믿는 모든 것을 영속시키며 모든 세대의 사람들에게 전달한다. … 성전으로 성경은 한결 더 깊이 이해되고 교회 안에서 그 힘을 발휘하게 되었다"(「계시 헌장」8항). 사도들에게 약속하신 성령에 힘입어(요한 16,12-13 참조), 성령께서 교회로 하여금 말씀을 더 깊이 이해하도록 이끄시기 때문이다.

4. 나가는 말

지금까지 언급한 말씀이신 그리스도와 성령의 영감에 기초한 성경 해석, 성경 전체의 일체성과 교회의 전통을 바탕으로 하는 해석은 교부들이 실천하던 것이었으며 거룩한 독서는 이러한 원리들을 바탕으로 성경을 읽는 것이다. 근래에 들어 학계에서 새롭게 교부들의 성경 해석에 관심을 기울이는 것이나 신자들의 영성 생활을 위하여 거룩한 독서를 권장하는 것은 — 앞서 언급한 바와 같이, 신심 운동에서만이 아니라 교도권 문헌에서도 이를 적극 권장하고 있다 — 바로 이러한 성경 해석이 저자의 의도에 대한 관심을 넘어 성경을 성경으로, 곧 오늘 우리에게 말씀하시는 하느님의 말씀으로 읽는 것이기 때문이다.

이제 독자들이 이러한 원리들을 더 깊게 설명해 주는 엔조 비앙키의『영적 성경 해석』을 통하여 하느님의 말씀을 더 깊이 이해하

고 그 말씀에 귀를 기울이며 그 말씀을 통하여 하느님을 만나도록
인도되기를 바란다.

해설 참고문헌

H. Denzinger, P. Hünermann, *Enchiridion Symbolorum, Definitionum
et Declarationum de Rebus Fidei et Morum.*

비오 12세「성령의 영감」정태현 옮김 (한국천주교중앙협의회 1992).

교황청 성서위원회「교회 안의 성서 해석」정태현 옮김『가톨릭교회의
가르침』1 (한국천주교중앙협의회 1996/1) 193-288.

교황청 성서위원회『그리스도교 성경 안의 유다 민족과 그 성서』한국
천주교주교회의 성서위원회 옮김 (한국천주교주교회의 2010).

베네딕도 16세『주님의 말씀』안소근 옮김 (한국천주교주교회의
2011).

안소근, "교황 권고「주님의 말씀」과 제2차 바티칸 공의회 이후의 성경
해석",『사목연구』제30집 (가톨릭대학교 사목연구소 2012년 겨울)
22-50.